Misty Edwards

Was soll das Ganze?

WAS SOLL DAS GANZE?

Deutsch von Hannelore Bozeman

inspiredmedia

Die amerikanische Ausgabe erschien 2012 unter dem Titel:
What Is The Point? von Misty Edwards

Passio, Charisma House, Charisma Media/Charisma House Book Group,
600 Rinehart Road; Lake Mary, Florida 32746, USA

This is a German translation.

Erhältlich auch in anderen Sprachen: www.charismahouse.com
Charisma Media, 600 Rinehart Road; Lake Mary, Florida 32746, USA,
charismahouse@charismamedia.com

Übersetzt von Hannelore Bozeman
Bearbeitet von Barbara Doering

Bibelzitate sind, wenn nicht anders angegeben, der Menge Bibel entnommen.

Umschlag Layout:
Medienbau, Effretikon, Schweiz

Fotografie:
Frontseite: Jasmina Jovanovic / © iStock.com
Rückseite: © Misty Edwards / IHOP-KC

Druck:
CPI - Ebner & Spiegel, Ulm

ISBN: 978-3-905998-04-7

Art.Nr.: 446 325

Weitere Informationen: www.inspired-media.com

Dieses Buch ist meinen Eltern Robert und Donna Edwards gewidmet. Das von euch Gelernte würde Seiten füllen, aber am meisten bewundere ich eure völlige Hingabe an Jesus und an eure Familie. Ihr beide habt euer Leben ohne Vorbehalt der Liebe hingegeben. Euer radikaler Gehorsam und eure totale Hingabe bewegen mich zutiefst. Selten habe ich Menschen gekannt, die in ihrer Jagd nach Gott und in ihrer Liebe zu den Mitmenschen so beharrlich sind, und das nicht nur ein oder zwei Jahre lang, sondern über Jahrzehnte hinweg! Ihr hört einfach nicht auf! Ewig bin ich euch zu Dank verpflichtet, dass ihr mir den Weg gezeigt habt, wie ich Jesus mit meinem ganzen Wesen nachfolgen und die Menschen selbstlos lieben kann.

Auch Mike Bickle möchte ich danken. Seit meinen Teenagerjahren habe ich dich lehren gehört und ich kann meine Dankbarkeit für alles, was du mir und vielen anderen hinsichtlich der Erkenntnis Gottes gegeben hast, gar nicht in Worten ausdrücken. Deine Weisheit hat mich geprägt, wie ich Gott, mich selber und die Welt sehe, und dieses Buch ist gespickt mit den Wahrheiten, die ich von dir gelernt habe. Danke, dass wir deine Einsichten nehmen und uns zu eigen machen durften!

Bis ans Ende!

INHALTSVERZEICHNIS

Vorwort

Unsere Generation ist voller Menschen auf der Suche. Junge sowie alte Männer und Frauen machen sich Gedanken über Sinn und Zweck des Lebens, aber auch der Schöpfung und der gesamten Geschichte. Viele mit religiösem Hintergrund aus Christentum oder anderen Religionen oder davon gänzlich unberührt. Eins ist ihnen gemeinsam: Sie haben sich aufgemacht, echte Antworten auf ihre Fragen zu finden.

Jeder Mensch spürt in seinem Herzen das Verlangen, den Sinn von Tod und Leben zu ergründen, und diese Suche führt ihn unweigerlich und direkt zu Jesus und der damit verbundenen tiefen Weisheit. Ein tragischer Grund, warum es selbst in den Herzen der sogenannten Christen viel Unzufriedenheit und Leere gibt, liegt darin, dass es ihnen an der Erkenntnis Gottes und seiner Geschichte mangelt. Es fehlt ihnen an Vision und Zielen. Der moderne Mensch gibt sich nicht mehr mit einfachen, selbst gestrickten Antworten zum Sinn des Lebens zufrieden. Es reicht ihm nicht, sich in seinem Selbstmitleid und seiner Verwirrung bestätigt zu sehen, er möchte an etwas teilhaben, das größer als er selbst ist. Das Leben und die Geschichte haben einen Sinn. Dieser Sinn kann nur im Herzen Gottes entdeckt werden, der alles erschuf und sich dann vollkommen hingab, um uns zu sich zu bringen. Misty Edwards sagt: «Bis wir das finden, was Gott sucht, werden wir nie finden, wonach wir suchen.» Die Antwort für das suchende Herz liegt also in einem tieferen Erkennen Gottes, seines Herzens und seines Plans für uns.

Misty Edwards gehört zu den Menschen, die die Wahrheit suchen. Selbst als Kind konnte sie den Lehrstoff nicht einfach kritiklos hinnehmen, sondern machte sich auf die beharrliche Suche nach der Wahrheit und dem wahren Zweck des Lebens und der Geschichte. Ich habe Misty bereits als Jugendliche erlebt, ringend nach Wahrheit, und ich habe gesehen, wie leidenschaftlich sie die Spannungen des Lebens löste und Gott besser zu verstehen suchte. Sie scheut sich nicht, die schwierigen Fragen zu stellen, und gibt nicht auf, bis sie die Antworten gefunden hat. In diesem Buch, «Was soll das Ganze?», schreibt Misty über einige der Erkenntnisse, die sie auf der Suche nach Weisheit und Sinn des Lebens gewonnen hat. Wie ich persönlich weiß, redet Misty nicht nur über die Wahrheit, sondern sucht sie auch mit Begeisterung umzusetzen und Jesus von ganzem Herzen und sogar mit ganzem Verstand zu lieben.

Mike Bickle
Direktor des International House of Prayer, Kansas City, USA

KAPITEL 1

Warum?

«Was soll das Ganze? Hier bin ich, achtzehn Jahre alt und ich wohne am Ende der Welt. Die Zeit drängt! Eines Tages muss ich sterben und mein Leben hinterlässt noch keine bedeutsamen Spuren. Es ist nutzlos! Die Uhr tickt und ich drehe nur Däumchen! Wozu ist mein Leben da?»

Das Verlangen nach Sinn und Bedeutsamkeit pochte wie ein Puls in meiner Seele. Laut schimpfend lief ich im Flur unseres kleinen Hauses in Sundown, Texas, auf und ab. Wieder einmal hatte ich einen meiner frustrierenden Gefühlsausbrüche, die auf mein stundenlanges Brüten zurückzuführen waren. Meine Mutter bereitet gerade das Abendessen zu und meint seufzend zu mir, ich solle mich wieder einkriegen.

«Einkriegen? Wie kann ich mich wieder einkriegen? Mein Leben ist nutzlos! Bald sterbe ich und mein Leben gleicht einem unbeschriebenen Blatt. Wozu bin ich da? Was ist der Sinn des Lebens? Nein, ich kann mich nicht beruhigen!»

Ich kam mir vor, als raste ich mit einem Affenzahn in einem außer Kontrolle geratenen Zug, während sich draußen wie in einem Film im Zeitlupentempo das Leben einer typisch amerikanischen Kleinstadt abspielte. Ich durchflog mein Leben im Eiltempo und konnte schon das Ende erkennen, während rings um mich herum alles seinen gewohnten Gang nahm, so als ob wir nie sterben würden. Für mich war der Tod unvermeidlich, das Leben denkbar kurz und ich suchte verzweifelt nach seinem Sinn.

Solange ich mich erinnern kann, war ich voller Fragen nach dem Warum und dem Wieso. Wozu war das Leben da? Was steht hinter dem «Was» des Lebens? Ich weiß nicht, wie oft ich schon gesagt habe: «Wozu ist das gut? Was ist der Sinn des Ganzen?»

Mein Elternhaus war christlich geprägt und meine Eltern liebten den Herrn. Wir wohnten in einer Kleinstadt in Texas, in der sich die Mehrzahl Christen nannte und eine der vielen Gemeinden in der kleinen Ortschaft besuchte. Obwohl ich an Gott glaubte und Jesus wirklich liebte, konnte ich weder ihn noch die Logik seiner Schöpfung verstehen. Ich vertraute darauf, dass ich nach dem Tode in den Himmel kommen würde, konnte aber nicht verstehen, warum ich überhaupt lebte. Für mich war die Frage nicht, wo ich einmal hinkam, sondern warum ich hier war. Einmal fragte ich den Herrn: «Wenn es im Leben nur darum geht, dass ich in den Himmel komme, warum hast du mich dann nicht einfach umgebracht, sobald ich das Übergabegebet gesprochen und deine Vergebung erhalten hatte?» Ich wollte wissen, warum ich weiterleben musste und was der Zweck dieser wenigen Jahre war, die ich auf Erden verbringen würde.

Oft saß ich nachts auf der Schaukel im Garten und schaute in die Sterne am weiten Himmel von Westtexas. Dabei verspürte ich das Gefühl, das in den Herzen aller Menschen ist, dass es Gott gibt und dass er uns beobachtet. Dann schaute ich immer zu ihm hoch und sagte: «Wer bist du? Wo bist du? Hörst du mich? Kannst du mich sehen? Warum bin ich hier?»

Selbst als Christin, die an Jesus glaubte, hatte ich viele Fragen, denen unsensible Leiter mit der Aufforderung begegneten, ich solle «einfach glauben», so als ob der Glaube ein Tappen im Dunkeln sei. Diese Antwort befriedigte meine Fragen nie, sondern vergrößerte nur meinen tiefen Wunsch zu verstehen.

Die Liste meiner Fragen war lang und beschäftigte mich unterschwellig die ganze Zeit. Ich wollte wissen, warum Gott unsichtbar ist. Meine Logik war: «Wenn er mich unbedingt für sich gewinnen will, warum stellt er sich dann nicht einfach vor mich hin?» Ist er wirklich so an uns interessiert? Nimmt er wirklich Anteil an uns? Ich wollte unbedingt wissen, warum er uns überhaupt geschaffen hat. Was war sein ursprünglicher Plan? Aus welchem Grund setzt er uns in ein Umfeld, in dem wir leicht sündigen, und gibt uns dann eine sündhafte Natur, der wir mit Sicherheit folgen? Warum lässt er Böses zu? Warum leiden so viele auf der Welt? Warum lässt er den Reichtum und die Arroganz weltlicher Menschen zu, die ihn verlassen haben, scheinbar ohne jede Folgen? Warum die Langweile des Leben, in dem sich jede Woche in einer unheimlichen Eintönigkeit zu wiederholen scheint? Warum die mangelnde Begeisterung für ein integeres Leben, aber die scheinbare Hinwendung zu Bösem? Warum gibt es überhaupt das Böse? Den Teufel? Fast unaufhörlich gingen meine Fragen immer weiter.

Meine Fragen brachten meine Eltern schier auf die Palme und ihre Antworten befriedigten mich nur selten. Mein Herz pochte mit dem tiefen Wunsch nach Verständnis und mit der Frustration, dass diejenigen, bei denen ich um Rat suchte, keins aufwiesen. Ich war eine aufgewühlte, melancholische junge Frau auf der Suche nach dem Absoluten und mit dem tiefen Wunsch nach der Wahrheit.

Ich wollte keinen blinden Glauben, kein Vertrauen ohne Logik. Ich konnte nicht unbesehen hinnehmen, was man mir beibrachte, in der Annahme, dass jemand es ausreichend durchdacht hatte. Ich musste es genauer wissen. Nur wenn ich es selbst herausfand, konnte ich zuversichtlich in meinem Glauben sein. Ich wollte, dass Gott und das Leben Sinn machten und die Widersprüche sich lösten. Ehrlich gesagt sind mir Weisheit und Verständnis viel wertvoller als Gold oder Silber. Mehr als Vergnügen oder Bequemlichkeit wollte ich echten Glauben –

die Art, die durch gehaltvolle Beweise unterstützt wird. Danach sehnte ich mich innig, danach hungerte ich.

Alle sterben

Ganz oben auf meinem Berg von Fragen stand die Frage: «Was ist der Sinn des Lebens?» Sie war der vorderste Teil der Spitze des Pfeiles und das Rückgrat all meiner Suche. Diese Frage stellen wir uns wohl alle früher oder später, weil unsere Antwort darauf für uns zentral ist. Manche Leute fangen erst an zu fragen, wenn sie dem Tod ins Auge sehen. Wenn ein geliebter Mensch stirbt oder wir mit unserem eigenen Tod konfrontiert werden, denken wir oft über den Sinn des Lebens nach. König Salomo schrieb, dass Gott den Menschen die Ewigkeit ins Herz gelegt hat (Prediger 3,11). Dem Herzen jedes Menschen, egal welcher Weltanschauung oder selbst wenn er sich für einen Atheisten hält, drängen sich wohl Gedanken über den Tod und die Ewigkeit auf und er fragt sich, wozu das Leben da ist.

Einmal hörte ich ein Radioprogramm über das Thema «Angst vor dem Tod». Es ging darum, wie weitverbreitet und stark diese Angst ist; Statistiken zeigen, dass für die meisten diese Angst die größte ist. Im Laufe des Programms interviewte man mehrere Leute aus allen Bevölkerungsschichten, die erzählten, wie lähmend ihre Angst vor dem Tod war. Einige von ihnen wachten mitten in der Nacht schweißgebadet auf; manche konnten erst gar nicht einschlafen vor lauter Angst, am nächsten Morgen nicht mehr aufzuwachen. Andere griffen nach Rauschmitteln, um die Angst zu dämpfen und wieder andere verfielen in ihrer Furcht vor dem Tod in eine Depression oder wurden irrational.

Diese Radiosendung berührte eine Saite meines Herzens, weil ich bereits erkannt hatte, dass die Wahrheit nur in der Ewigkeit zu finden ist und nicht nur in diesem flüchtigen Leben, das wie Wasserdampf verdunstet. Um die Antwort auf den Sinn des Lebens zu entdecken, müssen wir tief in die Ewigkeit schauen und so unsere Schlüsse ziehen, was wir über das Leben nach dem Tod glauben. Unser Glaube bezüglich unserer ewigen Zukunft definiert stark, was wir im Blick auf unser augenblickliches Leben glauben.

Ich konnte mich mit den Worten Salomos im Prediger identifizieren, als er sagte, dass er sich in seinem Herzen auf die höchsten Gipfel, die dem Menschen möglich sind, schwingen und sich alles vorstellen wollte, was ihm das Leben bieten konnte – und am Ende kam er zum Schluss, dass alles Nichtigkeit ist. Auch ich machte oft diese Übung und stellte mir vor, ich wäre superreich, nur um mich am Ende unter der Erde zu sehen. Vielleicht sollte ich dem Vergnügen nachjagen – aber trotzdem würde ich am Ende sterben. Vielleicht würde ich auf humanitärer Basis Großartiges vollbringen und den Armen und Bedürftigen helfen, aber trotzdem würde ich letztendlich sterben. Alle sterben, ohne Ausnahme. Es ist jedem Menschen bestimmt, nach sehr kurzer Zeit zu sterben.

Alles, was «unter der Sonne» getan wird, ist nichtig und ein Haschen nach dem Wind (Prediger 1,14). Es ist, als ob man den Wind einzufangen sucht, nur um wieder mit leeren Händen dazustehen. Das Leben geht so schnell vorbei.

Die Zeit tickte in meiner Seele und mein Verlangen nach Antworten wuchs von Jahr zu Jahr, während das Leben an mir vorbeizog. Ich wollte etwas bewirken, einen Sinn haben. Was immer ich in diesem Leben tun sollte, wollte ich zuversichtlich tun können. Ich wollte etwas, das bis in die Ewigkeit fortreichte. Es gab in meiner Seele eine solche Dringlichkeit nach Antworten.

Wie die meisten von uns erinnere ich mich daran, wie ich als Fünfjährige zu verstehen suchte, wie lange «für immer und ewig» war. Wir alle haben uns den Kopf über Leben und Tod zerbrochen, weil uns diese Frage ins Herz gelegt wurde, und unsere Erkenntnisse über den Tod bestimmen, wie wir leben. Das ist unvermeidlich. Wie ich die Frage nach der Ewigkeit beantwortete, definierte den Zweck meines Lebens, und die Frage nach dem Zweck meines Lebens hatte massiven Einfluss auf meine Lebensweise. Aber was war die Antwort?

Auseinandersetzung mit Gott

Als ich neunzehn war, wurde bei mir Krebs festgestellt, und die Ewigkeit drängte sich mir noch mehr auf. Diese Diagnose verstärkte meinen leidenschaftlichen Wunsch nach Bedeutung und Zweck. Meine verzweifelte Suche nach dem Sinn des Lebens begann. Ich musste mich fragen: «Was ist, wenn ich dieses Jahr sterbe? Nächsten Monat?» In Wirklichkeit sollten wir uns alle jetzt diesen Fragen stellen. Du solltest so leben, als ob du bald stirbst, weil du sterben wirst. Ich weiß, das ist eine ziemlich negative Weise, ein Buch zu beginnen, aber ich möchte dir sagen – du wirst sterben, und du hast nicht viel Zeit herauszufinden, worum es im Leben wirklich geht.

Um einen Sinn im Leben zu entdecken, müssen wir einen Zweck im Tod finden, und um der Ewigkeit entgegenzutreten, brauchen wir Erkenntnisse über Gott. Man wird im flüchtigen Leben nie einen ausreichenden Sinn entdecken, wenn er nicht im Transzendenten mit Kontinuität in die Ewigkeit verankert ist. Mit anderen Worten, um den Sinn des Lebens zu entdecken, müssen wir uns mit Gott befassen. Im allgemeinsten Sinn muss der Zweck des Lebens allen zugänglich sein und er muss bis in die Ewigkeit Bestand haben. Das bedeutet, um das «Warum» hinter dem «Was» des Lebens zu entdecken, müssen wir uns mit dem Schöpfer und seinen ursprünglichen Absichten auseinandersetzen. Er ist der Einzige, der diese Welt, in der wir uns befinden, erklären kann. Nur er hat die Antwort, warum er uns überhaupt geschaffen hat.

Viele große Denker stellten sich der Herausforderung, den Sinn des Lebens zu definieren. Viele von ihnen landeten bei der Würde des Menschen und seiner Fähigkeit, edle Taten zu vollbringen. Manche haben gemutmaßt, dass der Sinn des Lebens im Vergnügen besteht. Andere meinen, er liege in unseren Entscheidungen, durch die wir uns «gut» und «triumphierend» über jegliche Umstände erheben. Wiederum andere sind zu dem Schluss gekommen, dass der Sinn des Lebens in der Liebe liegt. Ihre Antwort befriedigt aber nicht, weil sie die «Liebe» nur nach Menschenart und nicht so wie Gott definieren. Diese Theorien finde ich enttäuschend und leer, weil sie nicht die Tatsache ansprechen, dass alle sterben – die Person, die geliebt hat, stirbt genauso wie die, die gehasst hat. Was soll es, um was geht es also und worin liegt der Fortbestand in der Ewigkeit?

Außerdem definieren diese Antwortversuche den Sinn des Lebens bloß in Richtung edle Gesinnung und Liebe, ohne dabei Gott in den Mittelpunkt zu stellen. Wäre der Sinn des Lebens allein in der Güte der Menschheit und ohne Gott zu entdecken, so wären wir alle zu bemitleiden, weil er nicht erreicht oder aufrechterhalten werden könnte.

Der sehr einsichtige Viktor Frankl schrieb ein Buch mit dem Titel *Der Mensch vor der Frage nach dem Sinn*, das in einer Auflage von über zehn Millionen in 24 Sprachen verkauft wurde. Aber selbst nach der Lektüre seines Buches fühlte ich mich leer und unvollständig. In seinem Buch erzählt er von dem schweren Leiden, das er im Zweiten Weltkrieg im Konzentrationslager erlitt. Es ist eine bewegende Geschichte über die Würde des Menschen und er zieht Schlüsse, die tiefschürfend, aber unvollständig sind.

Einer seiner Hauptschlüsse ist, dass der Sinn des Lebens darin besteht, dass die Menschen ihren freien Willen gebrauchen, um zu entscheiden, wie sie auf ihre Schicksalsschläge reagieren wollen. Darin besteht der Sinn des Lebens. Das ist eine tiefsinnige Schlussfolgerung, aber es ist nur ein Teil der Wahrheit.

Wenn die Würde des Menschen darin besteht, einen stolzen Tod zu sterben und wenn der letztendliche Zweck des Menschen ist, den Charakter eines «guten Menschen» zu erlangen, dann bin ich am Ende leer und verwirrt. Das gleiche Schicksal trifft die Guten wie die Bösen – nämlich der Tod. Unsere Definition des Lebenssinns muss in unseren Erkenntnissen über die Ewigkeit verwurzelt sein, oder sie ist ungenau und befriedigt uns nicht.

Um den Sinn des Lebens zu entdecken, müssen wir den Sinn jenseits des Grabes finden und zu echten Schlussfolgerungen gelangen, und das nicht nur über die Menschen sondern auch über Gott. Wir müssen unsere Geschichte mit seiner verweben. Ich gebe zu, es ist eine überwältigende Aufgabe, sich der Frage nach dem Sinn des Lebens zu stellen. Ich habe es nicht in mir, Gott oder seine Geschichte zu definieren. Aber so einfach wie ich bin, will ich die Wahrheiten nehmen, die er mir aufs Herz geschrieben hat und sie an dich weitergeben, um dich auf deinem Weg zu ermutigen.

KAPITEL 2

Worauf ist Gott aus?

Während meines Ringens um Wahrheit und meiner Suche nach dem Sinn des Lebens war mir schon sehr früh klar, dass ich mit Gott selber rang. Dieser Berg von Fragen führte mich ständig zu einer direkten Konfrontation mit Gott. Ich sage dies mit Bedacht, weil Gott über dem Erdkreis sitzt und in der Ewigkeit wohnt. Sein Name ist heilig. Er misst die Meere in seiner hohlen Hand und breitet den Himmel wie einen Vorhang aus. Wir können ihn nicht loswerden oder ihn so gestalten, wie wir wollen. Seine Worte erschufen das Weltall und erhalten es aufrecht (Hebräer 1,3). Die gesamte Schöpfungsordnung dauert nur an, weil er es so will. Er ist Gott; wir aber gehen salopp mit ihm um und haben ein Bild von einem «Gott» erfunden, so wie wir ihn haben möchten.

Beim Thema Gott gehe ich äußerst vorsichtig vor und nehme nicht im Geringsten an, dass ich ihn durchschaue. Er ist so geheimnisvoll. Wenn ich sage, dass ich «mit Gott gerungen» habe, meine ich das mit größter Ehrfurcht. Er schuldet mir keine Antworten, aber in seiner Großzügigkeit und seinem Eifer, von uns erkannt zu werden, antwortet er mir.

Die Furcht des Herrn ist der Anfang der Weisheit (Sprüche 9,10) und die Suche nach dem Sinn des Lebens ist die Suche nach Weisheit. Wir alle brauchen eine größere Ehrfurcht vor Gott. Mir fällt häufig auf, wie schnell ich gegenüber dem Bewusstsein seiner Majestät abstumpfe, aber es ist die Grundlage aller Weisheit. Die Furcht des Herrn ist die Wurzel des Glaubens. Sie besteht in der Erkenntnis, dass es ihn wirklich gibt und dass er uns beobachtet. Es ist die Ehrfurcht vor Gott, die es uns ermöglicht, die Liebe Gottes zu spüren. Am klarsten erkennen wir seine Barmherzigkeit und Großzügigkeit, wenn wir seine Majestät und Transzendenz sehen. Man kann sie nicht voneinander trennen.

Denk dich mal in folgende Situation: Der mächtigste Mann der Welt käme auf dich zu, stellt sich dir vor und sagt, er bewundere deine Arbeit oder dein Talent. Sein Kompliment würde dich doch wohl überwältigen, oder? Du würdest ein Foto machen, es twittern, auf deine Facebook-Seite stellen und immer wieder die Geschichte erzählen, wie dem berühmten Mann gefällt, was du machst. Wenn dagegen ein x-beliebiger unbedeutender Mensch zu dir käme und dir genauso ein Kompliment machte, würdest du dich höflich bedanken, aber es würde keinen nachhaltigen Eindruck hinterlassen. Das veranschaulicht, wie wichtig es ist, dass wir auch nur ein bisschen davon erfassen, wer dieser Gott ist, von dem wir reden. Wissen wir überhaupt, mit wem wir es zu tun haben, wenn wir von Gott reden? Wenn unsere Herzen von dem Verständnis seiner ewigen Majestät berührt werden, stehen wir ehrfurchtsvoll da, und seine Liebe und Barmherzigkeit berühren uns auf ganz andere Weise.

> Das Geheimnis des HERRN ist für die, welche ihn fürchten, und seinen Bund lässt er sie erkennen.

Psalm 25,14 (Schlachter)

Gott der Schöpfer

Wir müssen aufschauen, den Urheber dieses Lebens erkennen und den Schöpfer selber sehen. Zitternd und demütig bitten wir ihn um Verständnis und suchen es dann wie einen verborgenen Schatz. Gottes Ehre ist es, eine Sache zu verbergen, aber der Mensch mit königlichem Herz sucht danach (Sprüche 25,2). Er ist der Schöpfer des Lebens und deshalb kennt nur er den Grund dafür. Es ist wahnwitzig, sich eine Antwort auszudenken, die ihn nicht einbezieht, weil wir von ihm erschaffen wurden und am Ende zu ihm gehen werden. Nach seinem Willen wurden wir erschaffen, weil es ihm gefiel (Offenbarung 4,11). Aus diesem Grund gibt es uns und wir sind völlig von ihm abhängig.

Selbst der Atheist atmet nur, weil Gott es so will. Er ist der Töpfer, wir sind der Ton. Kann der Ton zum Töpfer sagen: «Mir gefällt nicht, wie du mich gestaltest - das hast du falsch gemacht»? Oder: «Ich glaube nicht an den Töpfer»? Das ist töricht und nur ein Narr sagt in seinem Herzen, dass es keinen Gott gibt (Psalm 14,1).

Alles im Leben hat eine Ursache und alles, was Ordnung und Schönheit besitzt, hat einen Schöpfer oder Urheber. Wenn ich nicht wüsste, dass Gott die Erde erschuf, würde ich bestimmt einfach verzweifelt aufgeben und «essen, trinken und fröhlich sein», weil ich weiß, dass ich morgen sterben werde. Ich kann mir das leere, ziellose Leben ohne Gott gar nicht vorstellen. Ich glaube nicht, dass irgendjemand als Atheist geboren wird, denn selbst der Himmel verkündigt, dass es Gott gibt, und der Sonnenaufgang prophezeit von seiner Güte. Die Sterne erzählen von seinen Wundern (Psalm 19,1-6) und alle Menschen sind ohne Entschuldigung, wenn es um die Erkenntnis geht, dass es einen Gott gibt (Römer 1,9).

Falls du dies liest und an Gott glaubst, aber einer anderen Religion als dem Christentum angehörst, dann nimm doch mal die Bibel, das Alte und Neue Testament, und schau zum

Himmel hinauf und bitte Gott in aller Aufrichtigkeit, sich dir zu offenbaren. Dann lies das ganze Buch, gib Gott Zeit, und glaub mir, du wirst zu dem Ergebnis kommen, dass Jesus Gott ist und es außer ihm keinen anderen Weg zum ewigen Leben gibt. Das Christentum ist kein blinder Glaube; es ist die weiseste Schlussfolgerung, zu der du kommen kannst. Ich will nicht zu lange bei diesem Punkt verweilen, aber ich möchte dich auffordern: Bitte um Weisheit, rufe nach Verständnis, lasse deine Stimme erschallen – und du wirst die Erkenntnis Gottes gewinnen (Sprüche 2,3-5).

Der Schöpfer besitzt den Entwurf fürs Leben. Er hätte alles tun können, was er wollte, und er beschloss, die Menschen zu erschaffen. Worauf war er aus? Manche Leute stellen sich Gott als eine Art verrückten Wissenschaftler vor, der im Himmel sitzt und mit verschiedenen Zaubertränken hantiert. Und plötzlich macht es puff, die Schöpfung ist da! Dann tauchen die Menschen auf und sündigen prompt und er sagt: «O nein! An die Sünde habe ich gar nicht gedacht», so als ob es alles ein Fehler war und die Menschen Gottes «Unfall» nur noch mehr vermasselt haben. Und dann schickt er Jesus im Nachhinein zum Aufräumen.

Nein! In voller Absicht hat er eine außerordentlich großartige Geschichte geschrieben – eine Geschichte, mit der wir eng verknüpft sind. Es ist Gottes Geschichte, in der er sich selbst enthüllt. Er hat den Schauplatz der Menschheit gewählt, um sich zu erkennen zu geben. Bis wir einen Blick auf diese Geschichte erhaschen und uns in der Erkenntnis Gottes verlieren, werden wir ziellos leben und der menschlichen Geschichte keinen Sinn beiordnen können. Unsere Existenz sieht dann so aus, als wiederhole sich die Geschichte endlos und monoton. Alles wird uns irrational vorkommen, bis wir den roten Faden in der Geschichte erkennen und sehen, dass Gott selber die zentrale Figur im Drama ist.

Es ist nicht so, dass er das All schuf und sich dann zur Ruhe setzte und die Dinge ihren Lauf nehmen ließ, während er aus der Ferne zuschaute. Er beendet, was er anfängt, und sein Plan wird sich erfüllen. Es gibt etwas, was er haben möchte, und in den mehr als sechstausend Jahren menschlicher Geschichte hat er die Menschen auf ein Endergebnis vorbereitet, das unsere Vorstellung übersteigt. Er ist immer noch aktiv beteiligt und sitzt nicht desinteressiert in der Ferne. Er ist auf der Suche nach etwas, und wir bewegen uns auf dieses Etwas zu. Wir werden nicht zufrieden sein, bis wir ihn zufriedengestellt haben, und wir werden nie das finden, was wir suchen, bis wir das finden, was er sucht. Unsere Zweckbestimmung wird völlig durch seine Absicht definiert.

Wonach sucht er?

Was möchte der Gott, der sonst alles hat, haben? Nichts ist vor ihm verborgen, aber dennoch sucht er etwas. Wonach sucht er? Die Schrift sagt klar, dass seine Augen die ganze Erde auf der Suche nach etwas durchstreifen (2. Chronik 16,9; Schlachter). Nicht nur die Völker durchforscht er, sondern auch jeden Einzelnen in aller Welt, und er schaut ihnen ins Herz (1. Samuel 13,14; Offenbarung 2,23).

Das Bizarre an seiner Suche ist, dass er die Erde und ihre Einwohner geschaffen hat und sie bis ins Innerste kennt. Vom äußersten Rand der Schöpfung bis in den innersten Kern der menschlichen Gedanken ist Gott sehr wohl mit dem Werk seiner Hände vertraut – und dennoch sucht er. Was hat er sich gedacht, als er die Erde in ihrer ganzen Schönheit und Zerbrechlichkeit erschuf? Was wollte er, als er Adam im Garten schuf? Er hätte das Skript je nach Belieben gestalten können, und genau das tat er. Wir quälen uns weder nach dem Zufallsprinzip durch die Geschichte noch kreisen wir monoton im Weltraum herum. Wir sind auf dem richtigen Weg zu seinem Wunsch, aber worin besteht dieser?

Freier Wille

Weil er souverän ist, ist es schockierend, dass Gott etwas begehrt. Aber seine uneingeschränkte Macht hat er begrenzt, indem er den Menschen mit einem freien Willen schuf. An dieser Stelle erhaschen wir den ersten Blick auf das, worauf er aus ist.

Wenn wir Gott und seine Geschichte zum ersten Mal vermittelt bekommen, sehen wir, wie er Himmel und Erde hervorbringt und Mann und Frau in einem Garten erschafft. Dann vertraut er ihnen die Erde an und gibt ihnen die Herrschaft und Vollmacht über sie (1. Mose 1,26). Als Nächstes sehen wir den Herrn mit dem von ihm erschaffenen Menschen in jenem Garten wandeln. Gemeinsam tauschen sie sich dort partnerschaftlich, ungeniert und ungehindert in ihren Gedanken, Gefühlen und Gesprächen aus.

Gott ließ uns von Anfang an seine Absichten erkennen. Es ist ein vollkommenes Bild: Gott wandelt im Garten und regiert gemeinsam mit dem Menschen. Die Menschheit, die die Herrschaft über die Erde besitzt, bewohnt sie in perfekter Harmonie und Schönheit. Zwischen dem Herrn und den Menschen, denen er die Erde anvertraut hat, gibt es eine quicklebendige Beziehung. Der Herr erscheint in dieser Szene nicht distanziert, sondern nahe. An Ort und Stelle lebt er mit ihnen in Partnerschaft und Beziehung. Doch dann gibt es ein äußerst merkwürdiges Gebot Gottes. Adam und Eva besitzen zwar die Herrschaft über die ganze Erde, aber es gibt einen Baum, den sie nicht anrühren dürfen.

Sogleich sehen wir den freien Willen am Werk und erkennen, dass Gott nicht nur ein scheinbar perfektes Szenario wollte; er wünschte sich, dass sie sich bewusst für ihn entschieden. Um eine solche Entscheidung zu ermöglichen, muss es einen echten freien Willen geben. In dieser Hinsicht sind wir in seinem Ebenbild erschaffen. Er hat uns die Freiheit zugestanden, uns ihm entweder zuzuwenden oder ihn abzulehnen bzw. zu ignorieren. Gott besitzt also nicht automatisch unsere *freiwillige* Liebe. Es liegt in unserem Ermessen, ihm unsere Liebe zu schenken, und es ist zugleich das eine, wonach Gott sich sehnt. Dieser freie Wille betrifft das gesamte Leben des Menschen. Der Zweck des Lebens besteht in unserer Entscheidung, dem Schöpfer unseres Lebens seinen Wunsch zu erfüllen.

Er schuf die Menschen in seinem Ebenbild, um eine innige Beziehung mit ihnen zu haben. Trotzdem pflanzte er den Baum der Erkenntnis von Gut und Böse in demselben schönen Garten, in dem er mit ihnen wandelte, und legte einen freien Willen ins Innerste der Menschen. Adam, im Ebenbild Gottes geschaffen, hatte die Macht, sich frei zu entscheiden.

Der gravierende Unterschied des Menschen zu allen anderen Lebewesen besteht darin, dass er im Ebenbild Gottes geschaffen ist und dadurch Entscheidungen treffen kann und zu tiefer Zuneigung fähig ist. Wir haben die Macht unseres Willens und die Würde, die uns verliehen wurde, unser Schicksal selbst zu wählen, schwer unterschätzt. Diese Würde, aber gleichzeitig Risiko des Menschseins war meines Erachtens für Gott das Wichtigste, als er uns erschuf.

Im Garten erkennen wir auch den ursprünglichen Masterplan des Herrn. Nicht nur die Engel sollten ihn anbeten und seine Schönheit preisen, sondern er wollte den Menschen mit einbeziehen. Er wünschte sich nicht nur unsere Anbetung, ähnlich der Engel, er wünschte sich auch unsere Liebe und Gemeinschaft mit uns. Er wollte einfach mit uns zusammen sein. Gott vertraute uns die Erde an und übergab dem Menschen die Herrschaft über die Erde. Darin können wir seinen Plan erkennen. Sein Wunsch nach Beziehung und Gemeinschaft war so stark, dass er dem Menschen überließ, die Entscheidungen auf der Erde zu treffen, auch auf die Gefahr hin, dass sie falsch sein konnten.

Damit diese Freiheit, entweder das Gute oder das Böse zu wählen, in der Liebe verwurzelt wurde, musste sie in den Plan eingebaut werden. Eine Liebe, die etwas ausschließt oder vermeidet, ist gar keine Liebe. Ohne die Chance und das Risiko, dem Menschen einen freien Willen zuzugestehen, konnte es keine echte Liebe geben. Die Engel beteten ihn schon an, aber nichts spricht dafür, dass die Engel ihn lieben. Sie nennen Gott nicht Vater und Jesus nicht Bräutigam (siehe Offenbarung 22,17). Sie rufen «heilig» und singen von seiner Schönheit, sie beten ihn Tag und Nacht an und dienen ihm, aber sie haben nicht die Art von Beziehung, die wir zwischen dem Herrn und Adam in den ersten Tagen der Schöpfung erkennen können.

Sehr früh in der Geschichte Gottes geschah es, dass seine Liebe abgewiesen wurde, indem die Menschen ihren freien Willen einsetzten und dem einen Gebot, das ihnen gegeben worden war, nicht gehorchten. Sie aßen von der Frucht der Erkenntnis von Gut und Böse (1. Mose 3,1-7). Sofort fiel ein Schatten über die Schöpfung. Das vollkommene Szenario war verschwunden, als der Tod in die Welt kam, und Adam und Eva blieben in einer Wüste zurück.

Gott warf Adam und Eva nicht einfach aus Eden hinaus, weil ihr Ungehorsam «seine Gefühle verletzt» hatte. Vielmehr musste er sie von dem Baum des Lebens fernhalten, bis sein Erlösungsplan in Jesus erfüllt worden war (1. Mose 3,24; Offenbarung 22,1-5). Von Anfang an wusste er, dass die Menschheitsgeschichte ein Prozess sein würde, und es schockierte ihn nicht, als die Menschen sündigten. Er plante die Erlösung, ehe er die Welt begründete, weil er seit ewiger Vergangenheit der Erlöser war. Der Sündenfall gab den Auslöser, den Menschen in Liebe neu zu gestalten. Diese Liebe erzeugt in uns sowohl Demut als auch Dankbarkeit, die uns bei der Hingabe unserer freiwilligen Liebe in aller Ewigkeit bewahrt.

Vor allem die Erinnerung daran, wie viel uns vergeben worden ist, soll dazu dienen, unsere ewige, freiwillige Liebe zu stärken. Wie Jesus lehrte: «Wem viel vergeben ist, der liebt viel» (Lukas 7,47). Gott wird unseren freien Willen nicht einschränken, sondern er hat bestimmt, dass wir ihn sowohl jetzt als auch im kommenden Zeitalter, wenn wir unsterblich sind, anwenden. Um eine ewige Begleiterin für seinen Sohn zu bekommen, die ihn freiwillig liebt, und um sie mit einer solchen Schönheit und Macht krönen zu können, wie sie sie im kommenden Zeitalter haben wird, muss es ein Fundament der Demut geben oder die Liebe würde nicht andauern.

Die gesamte menschliche Geschichte wirkt auf Gottes ursprüngliches Ziel hin, und der Prozess bringt ihn nicht aus der Fassung, sondern zeigt nur mehr seines Charakters und seiner Persönlichkeit. An der Geschichte der Menschheit, die von ihm abfiel und wieder von ihm zurückgekauft wurde, kann man ihn nur noch besser erkennen. Wir würden nie seine große Barmherzigkeit erleben, wenn wir nicht unsere große Sündhaftigkeit erkennen würden. Wir würden ihn nicht als barmherzig, gnädig, langsam zum Zorn, reich an Liebe und von großer Gnade erkennen (siehe 2. Mose 34,6), wenn wir nicht den großen Abgrund zwischen ihm und uns sähen, der durch unsere Sünde verursacht wurde. Ohne die Vergebung der Sünde in dieser Geschichte wären wir nicht dankbar, und viel von dem, was wir über Gott wissen, bliebe unbekannt. Alles wirkt zusammen, um Gott zu offenbaren, dabei sind wir Teil seiner Geschichte. Die menschliche Geschichte erzählt Gottes Geschichte und der Zweck der Menschheit als Ganzes ist es, die Erkenntnis Gottes zu offenbaren. Das ist der springende Punkt, denn nur hier finden wir Sinn und Zweck für unser Leben. Seine Geschichte ist erstaunlich und wir müssen uns darin wiederfinden, wenn wir je die Menschheit und unser eigenes Leben verstehen wollen.

Das Alte Testament

Im Laufe der Geschichte Gottes offenbarte der Herr immer mehr seinen Willen und suchte die Menschen zu seinem schöpferischen Zweck und ihrem ursprünglichen Design hinzulenken. Immer wieder gab er ihnen Hinweise und Zeichen, zu dem zu werden, wozu er sie geschaffen hatte, und wenn sie sich weigerten und die Sünde wählten, bewirkte das «Entstellung» und «Ungerechtigkeit». Hier wird die Spannung des Lebens sichtbar, wenn wir den Kampf zwischen Gott und Mensch betrachten. Wenn die Menschen sich weigern, in Übereinstimmung mit dem Schöpfer zu leben, entsteht eine «Verzerrung» und dies ist absolut falsch. Gott kann es nicht unablässig hinnehmen, dass die Menschen gegen ihn rebellieren, weil dies auch die Erde selbst in Mitleidenschaft zieht und die Menschheit so nicht überlebensfähig bleibt.

Sein Plan wäre gescheitert, wenn er sich nicht mit der Rebellion des Menschen befasst hätte. Klar ist, dass der Schöpfer sein Ziel nicht verfehlen oder weniger erreichen wird, als er sich ursprünglich vornahm. Die Liebe hat zwei Seiten und er ist ein eifersüchtiger und alleiniger Gott – nicht weil er unsicher ist, sondern weil wir vom Design her für ihn geschaffen wurden. Wenden wir uns von ihm ab, hin zu Humanismus, Säkularismus oder irgendeiner anderen Religion, werden wir verzerrt und letztendlich zerstört. Doch er liebt uns zu sehr, um das zuzulassen, und daher wird er oft ein Szenario herbeiführen, das uns veranlasst, zu ihm zurückzukehren. Selbst seine Züchtigungen haben mit seinem Hauptmotiv zu tun, nämlich eine Beziehung mit den Menschen in Partnerschaft und Liebe zu haben (Hebräer 12,6).

Im Laufe der Jahrhunderte hat Gott nicht geschwiegen, wie man ihm irrtümlich vorgeworfen hat. Er ist nicht desinteressiert gewesen oder schwer zu ergründen. Im Gegenteil, er hat sich immer verständlich mitgeteilt, und sogar die Schöpfung selbst verrät uns, wer er ist, wie er dem Wesen nach ist und was er sich wünscht. Doch trotz des heftigen Flehens und des vernehmlichen Lockens des Schöpfers reagieren immer nur sehr wenige und kehren zu ihm um.

Das ist das Mysteriöse – nicht wie verborgen Gott ist, sondern wie schnell wir abschalten und ihm nicht zuhören. Wir sind wie Kinder, die sich die Ohren verstopfen, die Augen fest verschließen und laut kreischen: «Ich kann dich nicht sehen, ich kann dich nicht hören! Wo bist du?» Dabei befindet er sich die ganze Zeit vor unserer Nase, wenn wir nur die Augen und Ohren öffnen und auf ihn eingehen.

Von den Milliarden Menschen, die im Laufe der Geschichte auf Erden gelebt haben, hat die Mehrheit Jesus abgelehnt. Sie haben das Flehen des Himmels ignoriert und ihre Ohren gegenüber dem Schrei ihres eigenen Herzens nach einem ewigen Lebenszweck verschlossen. Stattdessen zogen sie es vor, in der Illusion des «Nur-im-Heute-Leben» zu verharren, oder sie wandten sich anderen Göttern zu in dem Versuch, ihre Fragen zu Tod und Leben glattzubügeln, ohne sich vor dem wahren Gott verantworten zu müssen.

Wie wir sehen, kochte diese Spannung im Alten Testament hoch bis zum Siedepunkt. Am Ende des Buches Maleachi fragen wir uns verwundert, was aus Gottes Plan werden wird. An diesem Punkt der Geschichte sieht es aus, als ob sich die Menschen niemals bleibend Gott zuwenden. Man hat den Eindruck, dass seine Schönheit nicht ausreicht, sie anzuziehen oder dass seine Gerichte nicht streng genug sind, Menschen zur Umkehr zu bewegen und zu fortwährender Gemeinschaft. Doch Gott lässt sich nicht beirren. Sein Plan klappt wie am Schnürchen.

Der Logos

Während der ersten mehr als viertausendjährigen Menschheitsgeschichte erzählte Gott seine Geschichte und gab nach und nach Hinweise auf seine Persönlichkeit. Er sprach in der Poesie der Natur, in den Rätseln der Prophetie und auf der Leinwand Israels, aber alles steuerte auf einen Höhepunkt in der Geschichte zu, wo er selbst auf der Leinwand erscheinen und sich offen verkünden würde. Er sprach durch die Patriarchen, er sprach durch die Propheten, er sprach durch die Menschen früherer Zeiten. Dann betrat der große Künstler des Lebens die Bühne und nahm die Gestalt eines Menschen an, um klar in der Sprache zu reden, die die Menschen verstehen konnten. Er selbst kam, um uns inständig zur Umkehr zu bitten (siehe Matthäus 21,33-43).

David Pawson, einer der bekanntesten und respektierten Bibellehrer Großbritanniens, predigte einmal über Jesus als das Wort Gottes. Er sagte etwas, das bei mir auf meiner Suche nach dem Sinn des Lebens tiefen Widerhall fand:

> Als Johannes sein Evangelium schrieb, nachdem er Jesus sechzig Jahre lang gekannt hatte, stand er vor einem Problem. Welchen Namen gibt man Jesus, ehe er geboren wurde? Er stieß auf eine geniale Antwort und nannte ihn auf Griechisch Logos. Unter anderem bedeutet das «Wort». Er nannte ihn «das Wort». Am Anfang war das Wort und das Wort war bei Gott, Angesicht zu Angesicht, und das Wort war Gott. Johannes schrieb: «Am Anfang war das Wort.» Warum wählte er diese Worte? Weil es in Ephesus einen griechischen Wissenschaftler namens Heraklit gab, der die Wissenschaft erfand und seinen Studenten das Beobachten und Analysieren beibrachte. Er sagte ihnen: «Versucht den Grund dafür zu finden, warum die Natur sich so verhält, wie sie es tut. Studiert die Natur und die Tiere und versucht den Grund für ihr Verhalten zu entdecken.» Diesen «Grund» nannte er *ho logos* und deshalb hat fast jede Wissenschaft die Nachsilbe «-ologie» – sie versucht den Grund für etwas zu entdecken.
>
> Die Wissenschaft hat es sich zum Ziel gesetzt, *ho logos* zu finden, und als Johannes dieses Wort als den Namen des präexistenten Jesus wählt, sagt er damit: «Er ist der größte Grund, der Grund aller Gründe.»

> ... Die Wissenschaft spezialisiert sich immer mehr und weiß immer mehr über immer weniger, aber die Wissenschaftler nehmen sich nicht die Zeit zu fragen: «Was ist der Grund, warum die ganze Natur so funktioniert, wie sie es tut? Warum gibt es das alles?» Johannes sagt: «Jesus ist der Grund, warum es das alles gibt. Gott hat alles für Jesus geschaffen, und er wird alles erben» und wir werden es gemeinsam mit ihm erben. Die Sanftmütigen ererben das Land. Er ist der Grund des Warum. Ich liebe diese Erklärung ... Jesus ist der Grund, warum alles so geschieht, wie es geschieht.

Logos – oh! Wie ich diesen Titel für Jesus liebe! Der Zweck der Schöpfung ist Jesus! Der Anfang des Lebens ist Jesus, das Ziel des Lebens ist Jesus, der Sinn des Lebens und das Ende des Lebens ist Jesus. Er ist Gott und es ist seine Geschichte, in die wir eingebettet sind. Die Schöpfung selber wurde für ihn geschaffen und er wird alles ererben (Kolosser 1,16). Jesus ist der Grund, warum wir existieren, Jesus ist der Sinn unseres Lebens, er ist Anfang, Mitte und Ende.

Jesus ist kein Hippie, der leger und ohne Vision rumlungert. Er ist keine Art Guru, der barfuß und ziellos umherwanderte. Nein, er ist Gott. Er war es, der im brennenden Dornbusch vor Mose erschien. Er war es, der den Berg Sinai erschütterte, sodass die Kinder Israels sich entsetzten und Mose anbettelten, er solle an ihrer Stelle mit ihm sprechen. Er ist derselbe, der sowohl den Tempel selber als auch den Propheten Jesaja vor ihm zum Erzittern brachte (Jesaja 6; Johannes 12,41). Hesekiel sah ihn in jener großartigen Vision, die er von Gott als einem Feuersturm inmitten einer Sturmwolke hatte. Mitten in diesem Sturm sah er den Mann, der vollkommen Gott und vollkommen Mensch ist (Hesekiel 1,26). Er sah Jesus und erzitterte vor Ehrfurcht. Er traute seinen Augen nicht. Das ist derselbe Mann, zu dessen Füßen der geliebte Johannes wie ein Toter fiel, als er ihm in seiner ganzen Herrlichkeit erschien (Offenbarung 1,17). Es ist derselbe Gott, der die Sterne in den Raum stellte, die Haare auf deinem Kopf zählt und dich durch das Wort seines Mundes trägt (Hebräer 1,13). Lasst uns nicht vergessen, von wem wir reden, wenn wir gedankenlos den Namen «Jesus» aussprechen.

Falls du nicht glaubst, dass Jesus Gott ist, wirst du dein Leben lang nach einem Zweck suchen und leer ausgehen. Ich möchte dich noch einmal auffordern, ihn zu bitten, sich dir zu offenbaren und zu sehen, was er tun wird. Viele Menschen haben versucht, den Sinn des Lebens ohne Jesus zu definieren, und all ihre Versuche sind gescheitert.

Wenn man ihn nicht mit einbezieht, gibt es keinen letzten, endgültigen Zweck für das Leben. Ohne Jesus gibt es keinen ewigen Sinn für Leben und Tod, weil er Gott ist. Er ist der Urheber unseres Lebens, und nur er hat das Recht, uns zu definieren. Wir werden nie zufrieden sein, bis wir das sind, was er für uns beabsichtigte. Er bestimmte uns für sich selber, und bis wir ihm ganz gehören, kommen wir uns vor, als seien wir aus dem Gleichgewicht geraten, ohne Mittelpunkt, leer und ziellos. Unser Leben ist mit seinem verbunden, und nur indem wir ihn erkennen, erkennen wir uns selbst. Wenn wir auf Jesus schauen, werden wir ihm ähnlich und erfüllen so unseren hauptsächlichen Lebenszweck.

Auf den ersten Blick

Mit achtzehn fing ich zum ersten Mal an, Jesu Geschichte andeutungsweise zu erfassen und mich in das größere Bild seiner Wünsche und Suche zu vertiefen. Ich hatte beschlossen, dass die einzige Hoffnung, einen Zweck für das Leben zu finden, darin liegt, einen Zweck für den Tod zu entdecken, und die einzige Antwort auf das Leben nach dem Tod lag in meinen Schlussfolgerungen über Gott und die Ewigkeit. Zunehmend konzentrierte ich mich darauf, Gott zu erkennen und seine Wege zu verstehen. Ich wusste, dass ich meinen Zweck im Leben erst erfüllen konnte, wenn ich absolute Klarheit über meinen Glauben an Gott hatte, weil abgesehen von Gott alles begrenzt und zerbrechlich ist. Ich fing an die Bibel zu lesen und Fragen zu stellen. Ich versuchte das Beten und Fasten zu erlernen, um ihn dadurch zu erkennen. Bei allem war ich erst mal unbeholfen.

Ich weiß noch, wie ich einmal in meinem Schlafzimmer das Buch 2. Mose las und mich fragte, warum Jesus nicht einfach erschien und mit mir von Angesicht zu Angesicht sprach, wie er es mit Mose tat. «Das wäre doch so viel einfacher», dachte ich, «wenn du einfach hier vor mir säßest und ein Gespräch mit mir führtest.» Die Unsichtbarkeit Gottes war das große Streitgespräch, das ich mit ihm führte.

Es ist mir klar, dass es anmaßend von mir ist, ein Gespräch unter vier Augen zu verlangen, aber ich glaube, er lächelte über meinen jugendlichen Eifer, mit dem ich es wagte, den Gott aus 1. Mose 1 aufzufordern, vor mir zu stehen!

Das Beten war schwierig, die Bibel war überwiegend langweilig und auch das Fasten verstand ich nicht. Ich versuchte zu beten, konnte aber nicht verstehen, wie man dabei durchhält. Ich versuchte, die Bibel zu lesen, wurde aber immer wieder abgelenkt. Die ganze Zeit aber lächelte er mir liebevoll zu und rief mein Herz zu sich.

Mit neunzehn beschloss ich nach Kansas City zu ziehen, um für ein Jahr die dortige Bibelschule zu besuchen. Ich wollte die Bibel kennenlernen und verstehen, wie sich Gott heutzutage mit den Menschen verständigt. Ich wollte ihn erkennen, und das sollte mein höchster Lebenszweck sein. Alles andere im Leben würde aus diesem Brunnen fließen.

Ich lebte zum ersten Mal außerhalb meines Elternhauses, rang hartnäckig um die Wahrheit, sehnte mich nach Gott und schlief kaum. Es war ein gutes und aufreibendes Jahr. Zu alledem hatte ich in meinem rechten Bein starke Schmerzen, hervorgerufen von einem wachsenden Tumor. Die starken Schmerzen ließen mich kaum schlafen. Wie die meisten Collegestudenten blieb ich spät auf und wachte früh auf. Ich befand mich in einem Wirbelsturm von Aktivitäten mit diesem nagenden Hunger nach Wahrheit, obwohl ich nicht die Zeit hatte, ihn zu befriedigen.

Jesus führt uns auf vollkommene Weise und wirbt sanft und liebevoll um uns. Jahre später denke ich an diese Zeit in meinem Leben mit Tränen der Dankbarkeit zurück. Ich hatte mich der Bibelschule angeschlossen, um «Gott kennenzulernen». Ich war von zu Hause fortgezogen und landete an einem Ort, wo mir viel Verständnis entgegengebracht wurde. Aber inmitten meines Strebens war ich so beschäftigt, gesellig und hektisch, dass mein Glaube schwächer wurde, anstatt sich zu vertiefen.

In jenem Herbst beeinflusste mich am meisten der Kurs von Mike Bickle über das Hohelied. Nie zuvor hatte ich solch hervorragende Wahrheiten über den Sinn und Zweck der Schöpfung gehört. Niemand hatte mir bisher gesagt, dass Jesus sich eine Beziehung zu uns Menschen wünschte, trotz unserer Schwachheiten. Mike redete auch von den Sehnsüchten des menschlichen Herzens, die Gott in uns gelegt hat, und wie man sich von diesen Sehnsüchten nicht abkehren oder über sie Buße tun kann. Vielmehr sollen sie uns in Gottes Herz und in die höchste Geschichte Gottes und der Menschheit begleiten. Er redete von unserem Wunsch nach Bedeutung und Zweck, und wie man ihn hauptsächlich in Jesus findet. Es war, als ob an den Saiten meines Herzens gezupft und ich einem großen Geheimnis auf der Spur war. Noch befand ich mich auf dem schwingenden Pendel zwischen Glaube und Unglaube, aber die Erkenntnisse aus dieser Lehre zogen mich wie magnetisch in die göttliche Geschichte von Gott selbst hinein.

Ich konnte nicht alles erfassen, was gesagt wurde – dazu war ich zu beschäftigt und innerlich aufgewühlt. Aber es war ein Same gepflanzt worden, der eines Tages aufblühen und Frucht tragen würde. Damals war mir nicht klar, welche Auswirkung dieser Kurs auf mich hatte, aber die Samen schlugen Wurzeln. Während dieser Monate, in denen ich als Studentin so gesellig und beschäftigt war, schlich ich mich zuweilen in den Waschkeller meines Wohnhauses. Es war der einzige Ort, an dem ich ungestört sein konnte. Auf hartem Zementfußboden, umgeben von Spinnweben, saß ich und beschäftigte mich mit dem Kommentar zum Hohelied. Auch die Bibel las ich durch, besonders die Schriftstellen, die auf das hinweisen, wonach Gott sucht. Aus dem kleinen, trüben Fenster nahe der schmutzigen Decke blickte ich geradewegs in den dunklen, von Sternen übersäten Nachthimmel und betete zum Unsichtbaren: «Ist das wahr? Entspricht das wirklich deinen Gefühlen? Hast du solch eine Leidenschaft für mich? Beobachtest du mich wirklich? Geht es bei der ganzen Schöpfung darum, Jesus zu lieben?» Ich wusste, wenn diese Geschichte echt war, würde das alles für mich ändern. Falls die Geschichte wahr war, würde ich mein Leben verändern und alles tun, um ihre Wirkung zu verspüren. Ich weinte vor Sehnsucht. Ich wünschte mir, dass sie wahr war. Ich hoffte, sie war wahr; und in meinem nebligen Glauben streckte ich mich aus, um nach seinem Herzen zu greifen, genauso wie er nach meinem Herzen griff.

Obwohl mir diese Augenblicke im Waschkeller kostbar waren, konnten sie mich nicht während jenes Semesters vor Ablenkungen bewahren. Der Schlafmangel wegen des wachsenden Tumors, mein gesellschaftliches Leben mit langem Herumhängen und Kaffeetrinken und das Unterrichten von Dreijährigen am frühen Morgen führte dazu, dass ich innerlich völlig aufgewühlt war, als ich Ende November nach Hause fuhr. Obwohl ich erschöpft und noch voller Fragen war, gingen in mir Veränderungen vor. Der Glaube war in mir am Werk, wenngleich es noch unbedeutend und langsam schien. Der Kursus über das Hohelied hatte mich zweifellos beeinflusst und an meinem Herzen zupfte etwas, was in mir den Wunsch erweckte, mich davonzuschleichen und beim Herrn zu sein. Ich wollte an meinem Piano sitzen und zu ihm singen, ich wollte meine Tür abschließen und zu ihm beten.

Die Entdeckung des Sinns mitten im Schmerz

Ende November fuhr ich zu Thanksgiving nach Hause und beschloss in diesem Zeitraum, wegen den Schmerzen in meinem Bein einen Arzt aufzusuchen. Ich hatte keine Ahnung, dass ich mich wegen meines Arztbesuchs mehrere Monate lang in Texas aufhalten und nicht wie geplant nach Kansas City zurückkehren würde. Zu diesem Zeitpunkt wurde bei mir Krebs festgestellt. Der Arzt war über die Größe meines Tumors schockiert, der in meinem Beinnerv wuchs, und setzte sofort eine Operation an.

Ich verbrachte den Feiertag im Krankenhaus in Dallas. Die Ärzte wussten nicht, ob der Tumor bösartig war und ob sie ihn entfernen und mein Bein retten konnten. Von Amputation war die Rede oder einer lebenslangen Fußstütze. Ich war sehr besorgt, dass der Tumor streuen und mich möglicherweise mein Leben kosten könnte. Im Laufe von Wochen veränderte sich meine Welt, während ich am Berge meiner vertrauten Überlegungen über Tod und Leben stand.

Mit neunzehn Krebs zu haben beschleunigte meine Suche nach dem Sinn des Lebens. In jenem Winter hatte ich zwei Operationen und eine Chemotherapie. Um Weihnachten herum verlor ich mein Haar und fühlte mich sehr geschwächt durch die Medikamente, die den restlichen Krebs abtöten sollten. Ich kann ehrlich sagen, dass es eine der besten Zeiten meines Lebens war. Ich glaube nicht, dass Gott mir Krebs gab, aber ich glaube an übernatürliche Heilung. Monatelang kämpfte ich gegen die Krankheit, doch Gott zog mich währenddessen zu ihm hin.

Die Geschichte Gottes, die ich durch die Lehre über das Hohelied gehört hatte, war so frisch in meinem Herzen, dass ich mich durch diese Zeit hindurch getragen fühlte. Wenn die Geschichte wahr war, hatte ich nichts zu verlieren. Ich hatte das Gefühl, dass ich den Zweck meines Lebens zu erkennen begann und ich verspürte wirklich eine Gnade in meinem Herzen, die in der Rückschau übernatürlich war. Durch das monatelange Kranksein hatte ich viel Zeit dazusitzen und nachzudenken, zu singen, zu schreiben und beim Herrn zu sein. Während ich über die Ewigkeit und das Leben nachdachte, verspürte ich seine Gegenwart stark. Trotz mehrmaligem Krankenhausaufenthalt waren es kostbare drei Monate. Alles erschien mir klein und unbedeutend. Wenn Jesus wirklich so über mich dachte, wie es in der Bibel beschrieben ist, und wenn er buchstäblich mein Herz beobachtete, dann war alles gut und ich hatte nichts zu befürchten.

Das Leben besteht aus mehr, als man auf den ersten Blick erkennen kann, aus mehr als der Jagd nach dem amerikanischen Traum, mehr als Schönheit, Gesundheit und Glück. Die Ewigkeit wurde mir ins Herz gelegt und ich wollte sie gegen nichts in der Welt tauschen.

Viktor Frankl schrieb in *Der Mensch vor der Frage nach dem Sinn*[1]: «Verzweiflung ist Leiden ohne Sinn.» Wir können alles im Leben ertragen, wenn wir wissen, dass es einen Sinn hat. Sogar für mich als Teenager auf der Suche nach der Wahrheit wurde das bei meinen Fragen über Leiden und Tod zunehmend wahr. Meine Erkenntnisse über den Zweck des Lebens verfestigten sich, obwohl ich nicht immer wusste, wie ich sie anwenden sollte. Etwas spielte sich in mir ab – mein Lebenstraum veränderte sich, zusammen mit der Perspektive, aus der ich diese Träume lebte. Mein Glaube war klein, aber er wuchs beständig.

Unsere Definition des Lebenssinns ist nur dann authentisch, wenn sie größer ist als jeder Lebensumstand. Ob ich gesund war und mich wohlfühlte oder krank und im Krankenhaus war, ich hatte eine Bestimmung. Ob ich neunzig Jahre oder neun Monate zu leben hatte, der Zweck meines Lebens musste in allen Umständen erreichbar sein. Der letztendliche Sinn der menschlichen Existenz muss für jeden Menschen zu

1 Viktor Frankl: Sinn als anthropologische Kategorie, Heidelberg, 2. Auflage, 1988, S. 69

verwirklichen sein, unabhängig von seinem sozialen Status, seiner Bildung, Gesundheit, Schönheit oder Staatsangehörigkeit – oder der Schöpfer wäre nicht gerecht. Die Bestimmung, zu der wir geschaffen sind, kann von allen, die es wollen, verwirklicht werden.

In diesen Monaten des Kampfes gegen den Krebs, als meine Zukunft so ungewiss war, konnte ich trotzdem den Willen Gottes für mein Leben erfüllen und einen Sinn und Zweck haben. Meine Definition des Lebens begann sich zu verändern. Ich kletterte immer noch auf diesem Berg von Fragen und gelegentlich war mein Herz bei meinem Versuch, um Sinn und Wahrheit zu ringen, immer noch ganz durcheinander. In meiner Jugend war ich wie ein Pendel, das zwischen Zufriedenheit vor Gott und Glaube an ihn und dem anderen Extrem von Unglauben und Frustration schwang. Aber durch diese Extreme hindurch wurde mein Herz in seinen Überzeugungen stark.

Wenn ich sehe, wie jemand schwierige Fragen stellt und um passende Antworten kämpft oder wie jemand mit Gott ringt, unterbreche ich seinen Kampf nicht und sage ihm auch nicht, dass er es sein lassen solle. Gott ist nicht beleidigt, wenn wir Fragen stellen, und er wird nicht nervös, wenn unser Verstand wie ein Pendel schwingt. Wenn wir ihn ernsthaft und ohne Vorwürfe bitten, führt er uns in die Wahrheit. Er möchte uns Antworten geben, die uns aufs Herz geschrieben sind, damit wir uns in der Stunde der wirklichen Erschütterungen nicht von der Stelle rühren. Es ist gesund und gut, wenn jemand für die Wahrheit kämpft und nicht einfach glaubt, was man ihm gesagt hat. Ich sage den Menschen, was ich gelernt habe und verkünde denen, die auf dem Weg in die Hölle sind, kühn die Wahrheit von Jesus, aber ich werde den Kampf eines aufrichtigen Gläubigen, der darum ringt, Jesu Namen für sich selbst zu erkennen, nicht unterbrechen. Im Rückblick sehe ich, wie ich über die Jahre zu gewissen Zeiten in meinem Leben zu vielen wunderbaren Schlüssen kam, nur um sie später anzuzweifeln. Dann arbeitete ich das Ganze wieder durch und endete schließlich mit einer tieferen Überzeugung als zuvor.

Auf diese Weise wird die Wahrheit auf dein Herz geschrieben und was du wirklich über Gott und das Leben glaubst, wird in Stein gemeißelt. Die verschiedenen Zeitabschnitte deines Lebens prüfen deinen Glauben, und es ist gut und gesund, ohne Angst Fragen zu stellen. Die Wahrheit ist der Stein, auf den die Seele meißelt. In jedem Abschnitt meinst du, dass du jetzt deine Antworten kennst, und du meinst, die Skulptur sei jetzt endlich fertig, nur um zu entdecken, dass etwas nicht ganz stimmt. Die Seele auf der Suche meißelt weiterhin am Stein der Wahrheit herum, bis er aus Schönheit und unerschütterlichen Erkenntnissen gebildet ist.

Das Überleben meines Kampfes gegen den Krebs hatte mich verändert. Ich besaß ein neues Maß an Entschlossenheit, Jesus als dem höchsten Sinn meines Lebens zu gefallen, bestieg aber weiterhin meinen Berg von Fragen, als ich ruhiger und konzentrierter nach Kansas City zurückkehrte.

KAPITEL 3

Vor seinen Augen

Egal was uns zu Beginn angespornt hat, der Wunsch nach einem Sinn für das Leben tritt im Laufe unseres Lebens immer wieder auf. Der Grund dafür ist die Macht und Gabe der Nüchternheit. Obwohl sie Enttäuschung beinhaltet, ist sie ein Geschenk, wenn sie uns in die Wahrheit führt. Es gibt zwei Dinge im Leben, die uns zu unserer ewigen Bestimmung führen: der Schmerz oder die Erfüllung unserer Wünsche. Wenn wir nicht von unserer ewigen Bestimmung, sondern einem weltlichen Erfolg angetrieben werden, sind wir schnell am Ende. Sobald wir das Ziel erlangt haben, sind wir enttäuscht. Alles ist so schnell vorbei, dass wir traurig zurückbleiben, weil der Traum, der uns beflügelte, zu Ende geträumt ist. Manchmal kommen wir uns ziellos vor, wenn wir das erreicht haben, was uns einst motivierte, oder wir leben voller Schmerz, weil wir unseren Traum nicht verwirklichen können.

Ich hörte einmal ein Interview mit einem berühmten Filmstar. Der Moderator fragte ihn, wie es sich anfühlte, es endlich auf die Kinoleinwand geschafft zu haben, nachdem er von Kindheit an davon geträumt hatte. Dann wollte er wissen, wie es ihm vorkam, alle möglichen Schwierigkeiten im Leben überwunden zu haben, um seinen Traum zu erreichen. Alle applaudierten der menschlichen Größe, die sich darin zeigt, wie jemand so viel überwinden kann, es bis an die Spitze schafft und das verwirklichen kann, wovon er immer geträumt hat. Der Schauspieler überraschte alle mit seiner Antwort: «Es ist langweilig.» Er sagte: «Mein Leben lang habe ich davon geträumt, Filme zu machen – und jetzt ist es nur langweilig.»

Ich konnte die schreckliche Enttäuschung in seiner Stimme wahrnehmen. Er war schockiert, dass ihn das, was ihn angetrieben und geprägt hatte, am Ende nicht erfüllte, nachdem er es erreicht hatte. Immer wieder gibt es Geschichten von Menschen, die von einem zeitweiligen Traum motiviert waren, nur um ihn zu verwirklichen und sich dann leer und ziellos vorzukommen. Andere erreichen ihr irdisches Ziel erst gar nicht und es schmerzt sie sehr. Ihr ganzes Leben lang träumen sie davon, etwas Bestimmtes zu werden, und wenn es nicht klappt, quält es sie sehr und sie kommen sich wie Versager vor.

Unser hauptsächlicher Zweck im Leben muss höher sein als alle zeitweiligen Errungenschaften, Ziele und Träume. Es muss einen Traum geben, der unverwüstlich und unerschöpflich, aber dennoch erreichbar ist. Es ist ein Traum, der transzendent ist und die Träumer zu einer Art Menschen macht, die von der Welt selten gesehen oder verstanden werden. In diesem Leben gleichen wir Fremden oder Pilgern, die auf ein Ziel zusteuern, das Schritt für Schritt erreicht wird und sich ewig ausdehnt. Um einen ewig währenden Sinn zu finden, müssen wir einen unantastbaren Traum haben, der in diesem Leben nicht vollständig umgesetzt werden kann. Weil die Zeit in Bewegung ist und das Leben sich ständig auf etwas hinbewegt, müssen wir immer etwas vor uns haben, um nicht ziellos zu sein – denn Ziellosigkeit führt zu Verzweiflung.

Das Gesetz der Zeit kann nicht verändert werden und die Zeit verlangt, dass wir uns vorwärtsbewegen. Das bedeutet, dass der Zweck des Lebens in etwas verwurzelt sein muss, was sich ebenfalls vorwärtsbewegt und das so riesig ist, dass es kein Ende hat. Ein nicht endendes Ziel, das man stückchenweise erreicht, ist der Lebenstraum, der einen sowohl jetzt als auch in Ewigkeit aufrechterhält.

Vor ihm allein

Der Traum wird in den Augen des «einzigen Zuschauers» entdeckt. Den Sinn, den wir für unser Leben suchen, müssen wir in den Augen Jesu entdecken. Dabei sind wir zuversichtlich, dass er uns beobachtet und dass unsere Handlungen etwas ausmachen, weil sie sich vor ihm abspielen und nicht vor den sich ständig ändernden Meinungen der Menschen.

In der einen Minute liebt man dich und in der nächsten macht man dich lächerlich. Dieses Jahr bist du cool und im nächsten bist du überholt. Eine Zeit lang bist du erfolgreich und danach bist du ein Versager. Das gilt genauso für die Finanzen, die Beziehungen, den geistlichen Dienst und den Einfluss; alles im Leben verblasst schnell.

Wir können unseren Wunsch nach Bedeutung nicht in diesen Dingen verankern, weil das einer Jagd nach dem Wind entspräche. Obwohl sie wichtig und relevant sind, sind sie zweitrangig und nicht der Anker unseres Lebens. Wenn wir vor Jesu Augen leben und danach streben, ihm zu gefallen, gewinnt alles, was wir im Leben tun, einen Sinn und ewige Bedeutung. Wir werden in dem Bewusstsein leben, dass er uns sieht, an uns denkt und uns belohnt. Darin liegt die Kraft unseres Lebens.

Jeder stirbt

> Und so gewiss es den Menschen bestimmt ist, einmal zu sterben, danach aber das Gericht ...
>
> Hebräer 9,27

Jeder Mensch stirbt. Das ist unvermeidlich. Wenn wir gestorben sind, werden wir vor unserem Schöpfer am Richterstuhl

Christi stehen (2. Korinther 5,10). Im nächsten Zeitalter werden wir dort von Jesus beurteilt und belohnt. Ich stelle mir das so ähnlich vor wie bei der Verleihung der Medaillen an die Spitzenathleten auf dem olympischen Siegertreppchen. Es ist uns bestimmt, dass wir am Ende vor dem Schöpfer unseres Lebens stehen. Nur er kann uns sagen, ob wir «ins Schwarze getroffen» haben. Er ist in der Lage, unser Leben zu beurteilen, weil er der Schöpfer ist, der den ursprünglichen Plan der Menschheit in den Händen hält. Er allein besitzt den Maßstab, an dem wir gemessen werden können. Zudem ist er ebenfalls ein Mensch, der wie wir auf Erden lebte und uns zeigte, was es bedeutet, Mensch zu sein. In allen Stücken wurde er auf gleiche Weise wie wir versucht und er ist mit unserem Leiden vertraut (Hebräer 4,15). Er ist vollständig Gott und vollständig Mensch und der Einzige, der uns vollkommen gerecht und wahrheitsgetreu beurteilen kann. Wir können einander nicht beurteilen und feststellen, ob wir erfolgreich waren oder nicht.

Der wichtigste Termin meines Lebens liegt noch in der Zukunft. Es ist der Tag, an dem ich vor Jesus stehe, dem großen Richter meines Lebens. Ich werde vor einem Mann stehen und ein Gespräch mit ihm führen. Mein gesamtes Leben läuft darauf hinaus, was er von mir hält. Der Zweck meines Daseins lässt sich auf den Punkt bringen, ihm zu gefallen (2. Korinther 5,9-10).

Das Leben ist wie Wasserdampf, der sich schnell von einem kochenden Teekessel verflüchtigt. Bestenfalls haben wir siebzig bis hundert Jahre, aber versprochen wird uns nicht, dass wir so lange Zeit haben, uns auf das eine Gespräch vorzubereiten, auf das es am meisten ankommt. Es gibt nur einen Termin, bei dem uns gesagt wird, ob wir unser Leben vergeudet oder unseren Zweck erfüllt haben. Es ist sinnlos, diesen einen Mann, vor dem wir stehen werden, zu ignorieren, da er die volle Macht hat, unser Leben zu beurteilen. Es bringt nichts, so zu tun, als würde es jenen Tag gar nicht geben. Dem ist nicht so!

Keiner von uns wird diesen Termin verpassen. Wir mögen viele Termine verpassen, aber diesen einen werden wir nicht verpassen, das versichere ich dir.

Jesus ist nicht nur wahrhaftig, sondern er ist auch die Wahrheit (Johannes 14,6). Wenn wir in der Gegenwart der fleischgewordenen Wahrheit sind, wird die Wahrheit über uns ans Licht kommen. Es ist unmöglich, Jesus zu täuschen oder vor seinen Augen falsch und unecht zu sein. Mit einem Blick durchschaut er all unsere Redekunst, Religiosität und Manipulation. Du kannst ihn nicht davon überzeugen, dass du etwas bist, was du nicht bist. Er sieht und weiß alles.

Mich interessiert nicht, was die Menschen als den Sinn des Lebens definieren. Entscheidend ist nur, wie Jesus ihn definiert. Falls die ganze Welt mir Beifall zollte, mich für edel hielte und mich als Vorbild eines wahren Menschen hinstellen würde, wäre das bedeutungslos, wenn Jesus dem nicht zustimmte. Wenn ich vor Jesus stehe, geht es nur mehr um ihn und mich. Niemand wird dort sein, um ihm zu sagen, wie großartig ich bin, wie viele CDs ich verkauft habe oder wie viele Menschen ich beeinflusst habe. Niemand wird da sein, um ihm zu sagen, wie schlecht ich bin und welche Sünden ich begangen habe. An jenem Tag wird das Wahre sichtbar werden.

Das Wichtigste im Hinblick auf mein Leben ist, was Jesus von mir denkt. Was immer er in dem Augenblick denkt, in dem ich vor ihm stehe, ist schon jetzt das Wichtigste in meinem Leben. Wenn ich vor dem Herrn stehe, wird er mich fragen, ob ich ihn mit offenem Herzen empfangen habe. Das allein ist wichtig.

Unser Ehrgeiz, ihm zu gefallen

Der Apostel Paulus beschäftigte sich sehr damit, wie Jesus ihn beurteilen würde. Dieser Gedanke trieb Paulus an und motivierte ihn, das Rennen mit Ausdauer zu laufen. Er sollte auch uns in jeder Situation standhaft machen.

Im 2. Korinther 5,9 sagte Paulus: «Unser Ziel ist es deshalb, immer zu tun, was ihm gefällt» (NLB). Wir möchten ihm gefallen, weil er der Schöpfer ist. Zu seiner Freude wurden wir geschaffen und wir werden nie zufrieden sein, bis wir ihn befriedigen. Außerdem ist er der Richter und wir wollen ihm gefallen, weil nur er den Wert unseres Lebens beurteilen und uns daher einen Sinn geben kann. Wir werden durch unseren Wert motiviert.

Meine größte Angst ist es, wertlos zu sein. Keine Zweckbestimmung und keine Bedeutung zu haben ist der absolute Terror meines Lebens. Mein Wert befindet sich in den Augen Jesu und in seinem Urteil über mich. Dort, und nur dort allein, wird mein Wert definiert.

Paulus sagte es klar: «Unser Ziel ist es deshalb, immer zu tun, was ihm gefällt.» Es gab einen Augenblick in Paulus' Leben, in dem er sich bewusst entschloss, dies zum Haupttraum seines Lebens zu machen. Die Hauptbeschäftigung seines Lebens, sein höchstes Ziel würde es sein, mit dem Herrn zu wandeln und sein ganzes Leben so zu führen, dass er ihm gefiele. Paulus wollte mit seinen Worten ausdrücken, dass der Hauptgrund für sein Leben auf Erden war, Jesus in allem zu gefallen. Er sagte nicht: «Das gehört zu den zehn obersten Prioritäten auf meiner Aufgabenliste.» Nein, es war der Hauptehrgeiz seines Lebens.

Wir hegen viele biblische Träume in unserem Herzen, die Gott uns gegeben hat. Dazu gehören Träume über den Dienst, das Geld, die Ehe, unsere Gesundheit und unsere Auswirkung auf andere. Zu all diesen sehr wichtigen Themen tragen wir Träume und Verheißungen in uns. Sie sind biblisch und Gott sehr wichtig, aber sie müssen diesem einen Hauptziel untergeordnet sein.

Niemand vermag dies für dich zu deinem Ziel zu machen. Es muss deine Entscheidung sein. Das ist der Grund, warum dein Entschluss Gottes Herz so mächtig berührt, weil er freiwillig ist und daher aus Liebe geschieht. Man kann gerettet sein, ohne in seinem Herzen zu beschließen, auf extravagante Weise vor seinen Augen zu leben. Es gibt viele Menschen, die Jesus als Retter kennen und im Himmel sein werden, aber die ihr Leben verbringen, ohne sich weiter viel um ihn zu kümmern. Sie sind gerettet und er freut sich, dass sie das Geschenk der Gerechtigkeit angenommen haben, aber wir können ihm auch noch auf eine andere Art gefallen – wenn wir in unserem Herzen beschließen, aus ganzem Herzen vor ihm zu leben. Darauf bezog sich Paulus. Wenn du erst einmal beschlossen hast, dass dies dein Lebenstraum ist, mache ihn zum Hauptziel deines Lebens. Geht es dir genauso wie mir, musst du es immer wieder neu festlegen und dich beständig von Neuem danach ausrichten.

Auch in Zukunft muss ich mein Ziel immer wieder nachjustieren, weil wir von Natur aus in unserer Schwäche leicht verwirrt und von unserem Ziel abgelenkt werden. Ständig halte ich inne und richte mein Herz erneut danach aus, um diesen unverwüstlichen Traum zum Hauptziel meines Lebens zu machen. Wenn du dir deine Zukunft ausmalst, stelle dir nicht einfach den typischen Traum einer liebevollen, glücklichen Familie mit viel Geld und vielen Freunden vor. Das ist zwar gut, aber das Leben besteht aus mehr. Was sieht dein Traum aus, wenn du an die Zeit in zwanzig oder dreißig Jahren denkst? Möchtest du aus tiefstem Herzen so leben, dass du in Gottes Augen wohlgefällig bist? Weißt du was es bedeutet, ihm zu gefallen, und hast du in deinem Herzen beschlossen, es zu tun? Dieses Bild deines Lebens solltest du in deinem Herzen tragen, wenn du an die Zukunft denkst. Ja, Geld, Beziehungen, Familie und Dienst sind berechtigte Wünsche im Willen Gottes, aber es gibt eine höhere Definition des Erfolgs, die diese Dinge bei Weitem übersteigt.

Vor Gott liegt unser Leben offen da

> Wir wissen also, wie wichtig es ist, in Ehrfurcht vor dem Herrn zu leben, vor dem wir einmal Rechenschaft ablegen müssen. Deshalb bemühen wir uns, Menschen «von seiner Botschaft» zu überzeugen. Vor Gott liegt unser Leben offen da.
>
> 2. Korinther 5,11 (NGÜ)

Paulus wusste nicht nur, dass er einen wichtigen Termin hatte, ihm war auch klar, dass der Richter, der ihn beurteilen würde, an allen Einzelheiten seines Lebens zutiefst beteiligt war. Unser Leben verändert sich: ... wenn wir wissen, dass Jesus an unseren Bemühungen, um die sich sonst niemand kümmert, großen Anteil nimmt; ... wenn wir wissen, dass er den kleinsten Gehorsamsakt sieht; ... wenn wir glauben, dass unser Leben offen vor ihm daliegt, dass ihm diese Dinge wirklich wichtig sind und dass er sich daran erinnert, sie in seinen Büchern aufschreibt und uns ewig belohnt. Wenn wir wissen, dass wir einen Termin haben, vor dem Schöpfer zu stehen und dass er sogar die kompliziertesten Einzelheiten unseres Lebens kennt und unsere Taten ihm wichtig sind, dann hat unser Leben einen Sinn. Es ist Jesus, der die geheimsten Gedanken und Absichten erforscht (Offenbarung 2,23; NGÜ).

König David sagte, dass Gott das Herz jedes Einzelnen gemacht hat und unsere Werke betrachtet (Psalm 33,15). Das heißt er sieht, was wir tun und denkt tatsächlich ernsthaft darüber nach. David schrieb auch darüber, wie Gott ihn erforschte und kannte (Psalm 139,1). Das war die Kraft, die David antrieb. Wie Paulus wusste er, dass Gott ihn gut kannte und auf ihn achtgab. Das ist eine überwältigende Tatsache, wenn wir sie glauben und für wahr halten.

Der große Ausgleich

Egal wie groß deine natürlichen Begabungen sind oder was dein gesellschaftlicher Stand ist, der Richterstuhl Christi schafft den großen Ausgleich, weil Gott uns daran misst, wie sehr wir auf ihn eingegangen sind. Das ist das Aufregende daran: Er schaut nicht auf die Größe deines Dienstes oder die Höhe deines Bankkontos. Er misst dich nicht einmal daran, wie viele Menschen du beeinflussen konntest. Er misst das Ausmaß deines Herzens. Das ist das wahre Maß eines Menschen.

Eine andere Person könnte weitaus begabter sein als du und viel mehr Menschen erreichen, aber wenn du Jesus gegenüber ebenso empfänglich bist, erhältst du dieselbe Belohnung. Sie besteht darin, dass Jesus dir an einem bestimmten Tag in der Menschheitsgeschichte in der Gegenwart anderer offen mitteilen möchte, wie er deine Liebe zu schätzen weiß. Das möchte er offen ausdrücken.

Was für eine Tragödie wäre es, wenn er an jenem Tag über meine Lebensweise hier auf Erden wenig zu sagen finden würde! Es ist Glaube, wenn wir die Zuversicht haben, dass er aufpasst und sich selbst an die geringsten Worte erinnert und die kleinste Bewegung auf ihn hin belohnt. Wenn wir glauben, dass Jesus als Schöpfer so aufmerksam und eifrig ist, werden wir ihm gefallen wollen. Unser Zweck ist in seinen Augen zu entdecken.

Ihn fest ins Auge fassen

Ich weiß noch, wie dieser Gedanke, «ihn fest ins Auge zu fassen», mir zu einer lebendigen Realität wurde. Nach einem einjährigen Kampf gegen den Krebs und einem lebenslangen Ringen um die Wahrheit war ich mehr denn je entschlossen herauszufinden, was Jesus von mir wollte. Mehr denn je war ich mir bewusst, dass das Leben kurz ist und ich bald sterben und vor ihm stehen würde. Die Gedanken an die Ewigkeit verzehrten mich, Kleinigkeiten wurden unbedeutend und Wichtiges wurde groß. Meine Grübeleien über die Ewigkeit, die Anfälligkeit des Lebens und den Tag, an dem ich vor Jesus in Erwartung seines Urteils über mich stehen würde, fingen an, meine ganze Weltanschauung zu verändern.

Zu dieser Zeit wurde gerade das *International House of Prayer* in Kansas City, Missouri gegründet. Ich war einer der ersten Praktikantinnen und stürzte mich gleich ins Tag-und-Nacht-Gebet, weil ich erpicht darauf war, Gott zu erkennen. Mir schien dies die ideale Umgebung, in der ich ihm nachjagen konnte. Man kann die Verwandlung gar nicht beschreiben, die sich in mir vollzog, als ich Tag und Nacht vor dem Herrn stand. IHOP-KC war klein und wir hielten das andauernde Gebet und die Anbetung mit nur einer Handvoll von Leuten in diesen kleinen, miteinander verbundenen Bürocontainern in Gang. Es erschien wirklich schwach und zerbrechlich, aber dennoch entdeckte ich dort, meinen Blick fest auf Jesus zu richten.

In den ersten Tagen des Gebetshauses sah ich mich gar nicht als richtige Sängerin oder Musikerin. Ich konnte nur ein paar Akkorde am Klavier spielen und einige Lieder singen. Doch weil Gebet und Anbetung kontinuierlich weitergehen mussten – 24 Stunden am Tag, sieben Tage die Woche – konnte ich nicht aufhören. Bald sang und spielte ich sechs oder acht Stunden am Tag. Ich sang zwei Stunden lang, setzte mich hin und las meine Bibel zwei Stunden lang und sang dann wieder.

Der Gebetsraum war meist leer und die Musik ziemlich schlecht. Das Ganze schien klein und unbedeutend. Zu meinen Aufgaben gehörte es, das Gebäude zu reinigen und als «Kopiermädchen» das Kopiergerät für alle zu bedienen. Ich putzte und machte Kopien und ging dann wieder zum Singen und Lesen zurück. Daraus bestand mein Leben während der ersten paar Jahre von IHOP-KC, und ich übte immer wieder meinen «Glaubensmuskel». Ich wusste, dass es zur damaligen Zeit der Wille Gottes für mich war.

Manchmal fühlte es sich an, als ob ich mein Leben verschwendete, aber ich wusste, dass ich in Gottes Willen war. Ich kann gar nicht sagen, wie oft ich mich fragte: «Was tust du hier eigentlich? Du sitzt in einem Raum und erzählst Gott das, was er von dir hören möchte? Du verschwendest nur deine Zeit. Was tust du hier bloß? Du könntest die Welt verändern und Großartiges vollbringen. Warum sitzt du in einem Raum und redest zu einer unsichtbaren Person?»

Dieses Selbstgespräch lief oft in mir ab. Dabei antwortete ich mir selber auf meine panische Angst, mein Leben zu vergeuden, dass er mich anschaute und dass ich das tat, was er zu jener Zeit in meinem Leben von mir wollte. So gab ich mich ihm hin, indem ich meinen Blick Tag und Nacht auf ihn richtete, selbst wenn es wie durch einen trüben Spiegel und zeitweilig sehr verwackelt schien.

Mit der Zeit wuchs der Glaube in meinem Herzen. Ich war dabei, in Kontakt mit Gott zu treten. Zum ersten Mal in meinem Leben kommunizierte ich wirklich mit ihm und kannte ihn aus Erfahrung und auch durch die Erneuerung meines Sinnes. Mein innerer Mensch wurde neu programmiert, so wie sich meine Wünsche veränderten, und ich wurde in sein Ebenbild verwandelt, je mehr ich ihn schaute (2. Korinther 3,18). Ich war so schwach und versagte häufig. Manchmal langweilte ich mich und war gereizt, dass ich Gott so viel hätte bieten können, und er hatte mich nur gebeten zu beten und zu dienen. Ich dachte: «Die Welt hätte ich ändern können, aber du willst, dass ich hier sitze und dir das sage, was du ohnehin schon weißt?» Es war nicht immer leicht und es war kein andauernd höchstes Glücksgefühl, aber nach und nach schmolz mein kaltes Herz und die Samen des Glaubens wuchsen, als sich meine Perspektive über Gott und das Leben zu verändern begann. Ich verlagerte meinen Hauptlebenstraum von dem, was ich tun konnte, zu dem, was ich werden wollte. Ich veränderte, was mich antrieb, vom Einfluss zur innigen Beziehung, und ich verlor mich in dem brennenden Wunsch, ihm als den Hauptgrund meines Lebens zu gefallen. Ich glaube gewiss nicht, dass es Gottes Wille für jeden ist, sich einem Tag-und-Nacht-Gebetsdienst anzuschließen, aber es ist sein Wille, dass jeder vor seinen Augen lebt.

Wir alle haben von Zeit zu Zeit das Gefühl, als ob wir unser Leben vergeuden, aber wenn wir wissen, dass wir in seinem Willen sind und ihm gefallen, dann besitzen wir Kraft in unseren Herzen. Er schaut uns zu und es zählt. Das Leben ist nicht umsonst. Wenn wir wissen, dass wir zu seiner Freude geschaffen sind und dass wir nie zufrieden sein werden, bis er mit uns zufrieden ist, wird es zu unserer Hauptbeschäftigung, ihm zu gefallen.

Sowohl Vergnügen als auch Angst motivieren uns. Wenn uns aufgeht, dass das Leben kurz ist und es einen Gerichtstag gibt, an dem wir vor einem Mann stehen werden, und dass seine Meinung die einzig gültige ist, motiviert uns das zutiefst, dem einen zu gefallen, der uns beurteilt. Sowohl das Vergnügen, ihm zu gefallen, als auch die Angst zu versagen dienen dazu, dass wir unentwegt auf ihn schauen. Obwohl wir viele Male versagen, kehren wir immer wieder zu jenem ständigen, steten Blick auf ihn zurück.

Der Traum des Apostel Paulus war unverwüstlich. Er konnte im Gefängnis sein, vor einer großen Menschenmenge stehen oder massiv verfolgt werden. Trotzdem hatte Paulus einen tiefen Wunsch danach, in Jesu Augen wohlgefällig zu sein, und er hatte seine Augen auf diesen Preis geheftet, da er wusste, dass die Wahrheit gerechtfertigt wird (Matthäus 11,19). Das war sein Hauptziel und er sprach häufig davon und schrieb darüber. Das war der Traum, der ihn durch Verfolgung und Beförderung hindurch standhaft bleiben ließ. Er hielt alles für Verlust – das Gute und das Schlechte. Dieser Wunsch, Jesus zu gefallen, führt zu Demut und Standfestigkeit im Menschen.

> 12 Nicht als ob ich es schon ergriffen hätte oder schon zur Vollendung gelangt wäre; ich jage ihm aber nach, ob ich's wohl ergreifen kann, weil ich ja auch von Christus Jesus er-

griffen worden bin. [13] Liebe Brüder, ich denke von mir noch nicht, dass ich's ergriffen habe; eins aber tue ich: Ich vergesse, was hinter mir liegt, und strecke mich nach dem aus, was vor mir liegt, [14] und jage, das vorgesteckte Ziel im Auge, nach dem Siegespreis, den die in Christus Jesus ergangene himmlische Berufung Gottes in Aussicht stellt.

Philipper 3,12-14

Jeder kann es tun

Wer vor den Augen Jesu lebt, entschlossen, ihm das zu geben, wonach er sucht, ist in der Lage, in Ewigkeit groß zu sein, egal was dieses Leben ihm beschert hat (Matthäus 5,19). Das ist die wahre Freiheit. Niemand kann einen Mann oder eine Frau antasten, der oder die so lebt. Man kann ihnen das Geld wegnehmen, sie können Beziehungen und Positionen verlieren und man kann sie ins Gefängnis werfen, verfolgen oder sogar als Märtyrer töten. Trotzdem werden sie ihr Ziel erreichen. Ein Mensch mag ungebildet und unansehnlich sein und in der hintersten Reihe sitzen, wo niemand ihn bemerkt. Diese Person ist genauso fähig, in Gottes Augen ewig groß zu sein, wie die Person, die in den Augen der Menschen am gebildetsten, schönsten und scheinbar erfolgreichsten ist.

Gott misst uns nicht so, wie die Menschen uns messen. Paulus wusste das. Die Kirchengeschichte ist voll von Männern und Frauen, die innerlich frei waren, weil sie vor den Augen Jesu lebten, selbst wenn sie wegen ihres Glaubens ins Gefängnis geworfen wurden. Die Geschichte beweist, dass die Kraft und der Wert einer Person darin bestehen, vor den ewigen Augen Gottes zu leben, und das kann wirklich jeder tun. Ich liebe die Wege Jesu! Jeder ohne Ausnahme, der ewig groß sein möchte, kann es sein und wir sind nicht dem Auf- und Abstieg äußerlicher Gunst und Segens ausgeliefert. Unsere Definition der Größe wird nicht von unserer Aufgabe im Leben bestimmt. Wir haben Aufgaben, die wichtig sind, und wir dienen treu in diesen Gebieten, aber wie erfolgreich wir in diesen Bereichen sind, liegt nicht in unserer Hand. Wir können unsere Zuversicht nicht darauf aufbauen, sondern auf die Aufgabe, vor dem einzigen, göttlichen Zuschauer zu dienen.

Die Frage ist, für wessen Applaus wir leben. Vielleicht erfüllen wir dieselben Aufgaben, aber der Herr möchte, dass wir unsere Herzen neu ausrichten. Man hat kein Burn-out, weil die Aufgabe zu schwierig ist. Man erleidet ein Burn-out, weil man seine Aufgabe vor den falschen Augen verrichtet und nach dem falschen Applaus Ausschau hält. Das Herz wird häufig offenbart, wenn man uns kritisiert. Wenn wir durch Kritik aus dem Gleichgewicht geraten, leben wir vor den falschen Augen.

Das Versagen ist eine andere Prüfung. Wenn unsere Lebensaufgaben zu scheitern scheinen – wenn wir Geld verlieren, unser Dienst kleiner wird oder unsere Beziehungen scheitern – schmerzt uns das natürlich. Aber wenn uns das am Boden zerstört und wir daraus schließen, dass unser ganzes Leben deshalb ein Misserfolg ist, ist das ein Beweis, dass wir uns nicht auf den einen Zuschauer ausrichten. Wir leben für den Applaus der Menschen. Jesus wird unser Herz viele Male auf diese Weise prüfen, um uns zu zeigen, wo unser wahrer Wert liegt. Immer wieder richten wir uns darauf aus, vor ihm zu leben.

Mike

Mike Bickle redet oft von seiner grundlegenden Definition von Erfolg und Größe: Sie bestehen darin, Jesus wohlgefällig zu sein. Mike hat es sich zum Ziel gemacht, allein vor den Augen Jesu zu leben, da er weiß, dass er danach beurteilt werden wird, inwieweit sein Herz Jesus gegenüber empfänglich war.

Bei seiner Erzählung der Geschichte des *International House of Prayer* in Kansas City erwähnt er ein Plakat, das an der Wand im

Gebetsraum seiner ersten Gemeinde hing. Sie enthielt eine Prophetie über das Gebetshaus, das eines Tages nonstop 24 Stunden am Tag, sieben Tage die Woche mit Sängern und Musikern betrieben werden würde. Etwa fünfzehn Jahre vor der Gründung fragte man ihn, was das bedeutete, und er sagte dann immer: «Das ist etwas, was wir eines Tages tun werden.»

Nachdem IHOP-KC dann gegründet worden war, kam man auf ihn zu und sagte: «Du hast es geschafft! Du hast deinen Traum verwirklicht!» Darauf antwortete er immer: «IHOP-KC ist nicht mein Traum, es ist meine Aufgabe. Mein Traum ist es, meine Bestimmung in Gott zu erreichen, vor seinen Augen zu leben und ihm zu gefallen.» Weiter erläuterte er: «Es ist egal, ob IHOP-KC wächst und in den Augen der Menschen erfolgreich ist oder ob es schrumpft und menschlich gesehen erfolglos ist. Mein Traum wird davon nicht berührt, weil er darin besteht, das Herz Jesu zu berühren und ihm zu gefallen und nicht darin, einen großen Dienst zu errichten. IHOP-KC ist meine Aufgabe, nicht mein Traum.»

So wichtig unsere Aufgaben sind, sollten wir unsere Hauptidentität oder unseren hauptsächlichen Zweck nicht in ihnen suchen.

Pat

Am meisten bewegt mich die Geschichte von Pat Bickle, Mikes Bruder. Er war querschnittsgelähmt, nachdem er während eines Fußballspiels seiner Highschool verletzt worden war. Nach 33 Jahren des Leidens wurde er gegen Ende seines Lebens sehr krank und konnte schließlich weder sprechen noch Wasser trinken. Geistig war er völlig klar und er war immer noch derselbe Mensch, voller Humor und Nächstenliebe, aber er konnte sich nicht verständigen. Wochenlang lag er so im Bett.

In der Zwischenzeit war Mikes Dienst gewachsen und Tausende junger Menschen kamen zu seinen Konferenzen. Er war zum Predigen in der ganzen Welt herumgereist, hatte Bücher geschrieben, Tausende gelehrt und viele beeinflusst.

Als Pat dort in den letzten paar Wochen seines Lebens lag, kam Mike ihn fast täglich besuchen. An einem dieser Tage waren nur Mike und Pat im Krankenzimmer. Mike schaute Pat an, wie er dort lag und mehr litt, als die meisten Menschen je leiden – unfähig zu sprechen, sich zu bewegen oder zu trinken, und sagte zu ihm: «Pat, du kannst hier und jetzt den Willen Jesu für dein Leben genauso erfüllen wie ich. Sein Wille für dich heute ist es, dass du ihn liebst, ohne an ihm Anstoß zu nehmen, und dass du glaubst, dass er dich selbst jetzt beobachtet. Du kannst ihm heute genauso wie ich gefallen und sein Herz berühren. Er sieht deine Liebe zu ihm genauso wie die meinige.»

Die Tränen strömten Pats Gesicht hinunter, als er zu glauben wagte, dass er selbst im Leiden Gottes Willen tun konnte, selbst wenn es bloß bedeutete, ihn in dieser fürchterlichen Situation zu lieben. Diese Monate in seinem Leben waren nicht nutzlos. Selbst hier im großen Leiden gab es einen Sinn für sein Leben. Jesus beobachtete ihn und versprach, ihn für jede Bewegung seines Herzens zu belohnen. Pat konnte genauso wie sein berühmter Bruder ewig groß sein, weil Jesus uns danach beurteilt, wie empfänglich unsere Herzen ihm gegenüber waren und wie sehr wir ihn liebten. Der Umfang unseres Dienstes oder der Umsatz im Geschäft zählen nicht.

Er sieht dich

Dieser Hauptzweck unseres Lebens, Jesus zu gefallen, muss zu unserem Antrieb und intensivsten Traum werden. Wir wollen vor allem mit Jesus beschäftigt sein und weniger mit den Meinungen der Menschen. Das ist der Siegespreis, der uns in Aussicht gestellt ist, und er muss der Anker unserer Seele sein. Nichts vermag dir diesen Traum wegzunehmen, wenn er deine Hauptmotivation ist, und du kannst ihn in allen Lebensumständen verwirklichen.

Es ist egal, welcher Aufgabenbereich dir übergeben worden ist. Vielleicht sitzt du in der hintersten Provinz, wo nur zwei oder drei Menschen auf dich hören oder du stehst auf einer Bühne vor Millionen. Vielleicht bist du gesund und voller charmantem Charisma, sodass man dir ganz natürlich folgt oder du bist krank und nicht in der Lage, dich klar verständlich zu machen. Du magst reich oder arm, schön oder unattraktiv sein. Ob gebildet oder ungebildet, unabhängig von deiner Staatsangehörigkeit oder deinem sozialen Hintergrund kannst du die Vision erfüllen, die Jesus für dich hat und daher bei der Erfüllung deines Lebenszweckes ewig groß und erfolgreich sein.

Die Ewigkeit ist der große Gleichmacher und das wahre Maß eines Menschen befindet sich in den Augen Jesu. Egal ob du die schwerste Vergangenheit voller Missbrauch und Schmerzen gehabt hast oder derjenige gewesen bist, der andere missbrauchte, du kannst noch heute die Dinge ändern, den Traum seines Herzens für dich erfüllen und zuversichtlich leben, dass dein Leben nicht umsonst ist.

Vielleicht wirst du in den Augen der Menschen nie groß sein. Man mag dich dein ganzes Leben lang übersehen, aber es gibt einen, der dich sieht, und er ist dir gegenüber so aufmerksam, dass er deine Gedanken und tiefsten Gefühle kennt (1. Korinther 4,5). Alles sieht er und alle richtet er, und sein Urteil ist ausschlaggebend. In sehr kurzer Zeit wirst du von Angesicht zu Angesicht vor ihm stehen, und seine Urteil über dich wird dich für Milliarden Jahre definieren.

Das gibt unserem heutigen Leben Kraft. Nicht nur gibt es einen Mann, der völlig Gott ist und dir seine ganze Aufmerksamkeit schenkt, sondern er verspricht auch, dich zu belohnen. Jede Tat der Liebe, die du ihm schenkst, wird im nächsten Zeitalter belohnt werden, und erst dann wird die Wahrheit über dich sichtbar werden.

Dein Leben ist verborgen und du wirst nicht erscheinen, bis er in Herrlichkeit erscheint. Die Fülle deiner Größe ist in diesem Zeitalter sogar vor deinen eigenen Augen verborgen und sie wird selbst dir nicht offenbart werden, ehe Jesus offenbart wird (Kolosser 3,3-4). Mit deinen natürlichen Augen siehst du weder die Höhen deiner Würde noch die Tiefen deiner Verderbtheit. Nur Jesus kann das Ende von Anfang an sehen und wissen, wer du in Millionen von Jahren sein wirst. Er weiß, worauf alles abzielt. Im zukünftigen Zeitalter werden wir die volle Wahrheit über all die Herrlichkeit sehen, die Jesus uns gegeben hat. Es ist eine Herrlichkeit, die wir schon jetzt in seinen Augen besitzen, aber wir selbst können sie nicht sehen.

Der Milliardär und der Arme sind beide in derselben Lage. Beide werden von dem gleichen Augenpaar und nach dem gleichen Maßstab von Jesus beurteilt. Die Ewigkeit wird die Wahrheit darüber erzählen, wer wir sind, und eines Tages wird man das, was über uns echt ist, sehen. Momentan bist du in der «Gebärmutter der Ewigkeit» und wirst für einen noch zukünftigen Tag geformt. Druck, Schmerz, Vergnügen und Segen gehören alle zum Plan des Schöpfers, dich in das Ebenbild der Liebe zu gestalten, einer Liebe, die mit ihm in ganzheitlicher Hingabe am gleichen Joch zieht. Aber es muss eine Liebe sein, wie sie Jesus und nicht der Humanismus definiert. Er ist auf der Suche nach einer Liebe zu seinen Bedingungen. Was ist jene Definition? Was gefällt ihm? Wir finden unser Leben, wenn wir diese eine Frage beantworten.

KAPITEL 4

Für die Liebe leben?

Man kann den Sinn des Lebens nur aus der Sicht des Einen entdecken, der die Initiative für unser Leben ergreift. Allein an seinem Maßstab werden wir gemessen. Was gefällt Jesus? Die Antwort auf diese Frage bestimmt unsere wichtigste Motivation. Er hat uns nicht nur gesagt, wonach er sucht, sondern er hat es uns auch durch sein Leben und Sterben veranschaulicht. Sein ganzes Leben ist eine Antwort auf unsere Suche nach dem Sinn des Lebens. Indem wir uns sein Leben genauer anschauen, entdecken wir, worin unsere Existenz, unser Zweck und unsere Bestimmung verankert sind. Es wird unsere Lebensaufgabe herauszufinden, was Jesus gefällt, um unser Leben daran auszurichten. Außerdem möchten wir auch unsere Mitmenschen in ein ähnliches Verhältnis zu ihm bringen, das ihren Blick fest auf Jesus richtet. Mit anderen Worten: Wir wollen alle Menschen überzeugen, in ihrem Herzen zu beschließen, ihm gefallen zu wollen.

Jesus hat kein Geheimnis daraus gemacht, was ihm gefällt. Vom Anfang des 1. Buch Mose bis zum Ende der Offenbarung hat er seine Wünsche immer wieder bekannt gemacht. Jeder, der ihm gefallen möchte, kann es. Wir können wissen, was ihm gefällt. Nimm die Schrift, diese «Niederschrift seiner Seele» und nimm sie in dich auf, erfreue dich an ihr und lebe durch jedes Wort.

Auf meiner Suche nach Sinn und Zweck verschlang ich die Worte Jesu buchstäblich; ich sehnte mich danach, mir seine Lebensweise zu eigen zu machen und jedes Wort umzusetzen, das er gesprochen hatte. Er zeigt uns nicht nur, wie man Mensch ist, indem er uns das Bild eines vollkommenen Menschen vor Augen führt, sondern er lehrt uns auch, wie unser Herz quicklebendig werden kann. Die Schrift ist wie eine Bedienungsanleitung für die Menschheit. Je mehr ich in ihr las, desto mehr verlor ich mich in etwas, was größer als ich war – ja, in einer Person, die größer ist als ich, was übrigens ganz und gar nicht bedeutet, dass ich mich in esoterische Erlebnisse oder Euphorie verstieg. Ganz allmählich veränderte sich nicht nur meine Sicht von Gott, sondern auch meine Weltanschauung und damit unweigerlich, wie ich mich selbst sah. Immer mehr erkannte und verstand ich Jesus. Er füllte mein Leben aus und stelle es vollkommen auf den Kopf.

Liebe?

Auf dieser Schatzsuche nach dem Sinn des Lebens entdeckte ich die Persönlichkeit Jesu. Seine Worte ergriffen mich, da sie alles vereinten, was ich bisher gelesen und gewusst hatte. So lehrt er, dass das gesamte Gesetz und alle Propheten in der Liebe zusammengefasst sind (Matthäus 22,37-40; Römer 13,8-9). Das ist es also! Er bringt den ganzen Zweck der Schöpfung in der Liebe auf den Punkt. Als ich zum ersten Mal erkannte, dass die Liebe nicht nur der rote Faden ist, der sich durch die Schrift hindurchzieht, sondern dass die Liebe auch die Linse ist, durch die das gesamte Leben gesehen wird, verwirrte mich das. Ich hatte es mir angewöhnt, immer wieder die Evangelien durchzulesen, mir alles aufzuschreiben, was er mir zu «tun» aufgetragen hatte und es dann auch verbindlich durchzuführen. Ich wollte jemand sein, der handelt und nicht gefühlsduselig ist. Das Leben war für mich zugleich pragmatisch und romantisch. Wie konnte das gesamte Leben auf die Liebe hinauslaufen? Das erschien so emotionell und nicht gerade praktisch.

Erlaubt mir, hier kurz zu sagen, was die Liebe nicht ist. Ich wünschte, es gäbe ein anderes Wort als «Liebe». In unserer Gesellschaft ist das Wort Liebe oft ein abgenutztes Wort, das gewöhnlich eine starke Vorliebe oder Zuneigung zu etwas oder jemandem bedeutet. Wir verwenden das Wort *Liebe*, um sowohl unsere intimsten Beziehungen als auch unser Lieblingslokal zu beschreiben. Für manche bedeutet Liebe Passivität oder das Akzeptieren von Sünde. Andere meinen, die Liebe sei die Abwesenheit des Absoluten im Namen der Toleranz. Für einige repräsentiert sie sogar ihre sexuelle Begierde.

Die Art der Liebe, von der ich hier rede, hat damit nichts zu tun. Ich rede von dem brennenden Verlangen, das im Herzen des ewigen Schöpfers glüht und ihn veranlasste, eine Erde mit einem Garten zu schaffen, dann die Menschheit aus dem Staub dieses Gartens zu formen und sie voll Liebe und Verlangen direkt neben sich zu stellen. Das ist Gottes Geschichte und der Traum seines Herzens. Ohne uns mit dieser Geschichte zu beschäftigen, kommen wir dem Sinn des Lebens nicht auf die Spur. Rede ich von Liebe, meine ich damit eine heilige, transzendente Liebe, die der Brunnen alles Sehnens und die Quelle alles Existierenden ist, weil sie Gott selbst ist. Als Jesus sagt, dass das ganze Gesetz und die Propheten durch die Liebe zusammengefasst werden, meint er damit, dass sie alle die Liebe definieren und die Liebe zu ihm fördern. Alles hängt von der Liebe ab.

Das Warum hinter dem Was

> 36 «Meister, welches ist das größte Gebot im Gesetz?» 37 Er antwortete ihm: «Du sollst den Herrn, deinen Gott, lieben mit deinem ganzen Herzen, mit deiner ganzen Seele und mit deinem ganzen Denken. 38 Dies ist das Hauptgebot, das

obenan steht. [39] Ein zweites aber steht ihm gleich: ‹Du sollst deinen Nächsten lieben wie dich selbst!›»

Matthäus 22,36-39

Dieses Gebot spiegelt Gottes letztendlichen Zweck wider – die ewige Bestimmung seiner Schöpfung. Hier in Matthäus steht er, der Schöpfer, vor ihnen und beantwortet die Frage, die ihn überführen sollte. Er kennt ihre Herzen und gibt ihnen eine sehr tiefsinnige Antwort. Ehe die Welt geschaffen wurde, hatte er ein Warum hinter dem Was. Wir wissen, was geschah: Er schuf den Himmel und die Erde. Aber dieses Gebot erzählt uns, warum er sie schuf. Wir wissen, was er am Kreuz tat: Er vollbrachte die Erlösung. Aber dieser Vers sagt uns, warum er zum Kreuz ging. Er gibt uns das Warum hinter dem Was der Schöpfung und der Erlösung.

Der Vater versprach dem Sohn eine Erbschaft – ein Volk, das er völlig besitzen würde. Aber Jesu Erbschaft besteht aus mehr als Grundbesitz. Sie ist größer als die Tatsache, dass er das Land in jedem Staat besitzt. Sie umfasst mehr als Herrschaft. Es geht um mehr als die Herrschaft und Leitung über Völker. Jesu Erbschaft beinhaltet in der Tat den zwangsläufigen Gehorsam der gesamten Schöpfung, aber an seiner Erbschaft ist mehr dran als nur das.

In Philipper 2 gibt Paulus uns Einsicht in diesen weltweiten Gehorsam. Dort zitiert er Jesaja 45,23, wo der Vater im Alten Testament dem Sohn versprach, dass «sich jedes Knie ... beuge ... und jede Zunge bekenne» (Philipper 2,10-11). Jedes Knie, jede Zunge und jeder Dämon in der Hölle wird das Knie im Gehorsam beugen. Nach seiner Verurteilung zur ewigen Verdammnis wird jeder Ungläubige auf das Wort Jesu hin gehorsam dorthin gehen. Der Gehorsam der gesamten Schöpfung ist Pflicht. Aber das ist nicht alles.

Gott möchte mehr als pflichtmäßigen Gehorsam, er wünscht sich die freiwillige Liebe. Die Erbschaft eines Königs ist der Gehorsam aller Völker, aber die Erbschaft eines Bräutigams ist die freiwillige Liebe der Menschen in allen Völkern. Es ist zentral für die Erbschaft des Bräutigams, dass die Menschen ebenbürtig mit ihm in Liebe verbunden sind. Der Vater verspricht Jesus eine Erbschaft und es ist klar, dass es sich um eine Braut handelt, die in Liebe für ihn bereitet ist (Offenbarung 19,7). Sie wird mit ihm ebenbürtig in Liebe verbunden sein – nicht einer automatischen oder programmierten, sondern einer freiwilligen Liebe. Er sagt zum Sohn: «Sie werden dich auserwählen und dich genauso haben wollen, wie du sie auserwählst und haben möchtest.» Das ist der Sinn der Schöpfung: Der Vater bereitet dem Sohn eine ewige Gefährtin zu und der Sohn bereitet dem Vater eine Familie vor. Der Vater bereitet uns als Braut für seinen Sohn vor und nachdem Jesus dann am Ende des Millenniums alle Völker unter seine Autorität gebracht hat, wird er alles dem Vater überreichen (1. Korinther 15,27-28). *Wir* sind das Geschenk, das sie sich gegenseitig schenken. Das ist einfach überwältigend!

Ihm geht es um mein Herz

In Matthäus 22,36-39 gibt Jesus uns seinen persönlichen Kommentar zu 5. Mose 6,5. Natürlich ist er derjenige, der Mose das Gebot gab, aber er fügt etwas hinzu, was Mose nicht erhielt. Er sagt: «Dies ist das größte und wichtigste Gebot» (Matthäus 22,38; NGÜ). Dieser Kommentar von Jesus ist im Laufe der Geschichte sehr oft übersehen und beiseitegeschoben worden. Jesus, der große Lehrer, der große Prophet, der große Philosoph, der große Psychologe, der Gott selbst ist – dieser Jesus erklärt denjenigen, die Ohren haben zu hören, sowohl wer Gott als auch die Menschen sind. Hier spricht der Schöpfer und befiehlt uns nicht etwas, was jenseits unseres Schöpfungszweckes läge. Er ist auf die Liebe aus, erpicht auf unser Herz. Das Geheimnis unseres Lebens befindet sich in dieser Wahrheit.

Jesus sagt hier, dass die Liebe zu ihm das erste Gebot ist. Für seinen Vater und ihn steht es an erster Stelle. Es ist das Hauptgebot und der Inbegriff von allem, was er gesprochen hat. Es ist auch das größte Gebot, weil es die größte Auswirkung auf uns, auf ihn und auch auf die Erde hat. Wenn wir ihn so völlig lieben, haben wir unseren Schöpfungszweck erfüllt. Es ist gerecht, richtig und gut; so sieht Gerechtigkeit aus. In dieser Liebe erfüllen wir unsere Hauptbestimmung. Es ist das große Gebot und unsere größte Berufung.

Manche Leute, die nach Gottes Willen für ihr Leben suchen, möchten in erster Linie wissen, was sie tun sollen und nicht, zu was für einer Person sie werden sollen. Wenn sie von ihrer Sehnsucht nach der größten Berufung sprechen, meinen sie damit den Umfang ihres Dienstes anstatt die Größe ihres Herzens. Die größte Gnade, die wir empfangen können, ist die Salbung, Gottes Liebe zu spüren und sie auszudrücken. Das bringt die größte Freiheit und ist mit der größten Belohnung verbunden.

Als ich das las, dachte ich: «Was? Dies ist das größte und wichtigste Gebot?» Das war verblüffend, weil es auf den ersten Blick zu einfach erscheint, um das größte und wichtigste zu sein. Als ich danach zu leben begann, entdeckte ich, dass es eine Kettenreaktion in meinem Herzen auslöste, die innerlich und äußerlich zu vielen lebensverändernden Entscheidungen führte. Diese Sätze von den Lippen Jesu entfachten ein Feuer in meiner Seele und änderten den Kurs meines Lebens radikal. Mein Zweck im Leben war es, Jesus zu gefallen, und hier sagt er mir, was ihm gefällt. Mein Ziel war also, für die Liebe zu leben, aber was ist Liebe?

Ich trank von den Worten Jesu, fand es aber schwierig, sie anzuwenden. Es klang gut, als ich mich entschloss, «für die Liebe zu leben», aber ich wusste nicht, was es bedeutete. «Liebe? Gut ... und was nun?» Ich schaute zu ihm auf und sagte: «Okay, machen wir das. Ich will dich von ganzem Herzen, mit meiner ganzen Seele, mit meinem Verstand und aller Kraft lieben ... Gut, und nun? Ich liebe dich und du liebst mich.» Ich sang ein paar Lieder, tanzte und weinte während der Anbetungszeit am Sonntagmorgen. «Okay ....» Ich zündete eine Kerze an, saß eine Zeit lang im Zimmer und betete zum Unsichtbaren: «Ich liebe dich, du liebst mich. Ist es das, was du möchtest? Bezeichnest du das wirklich als den Höhepunkt und Zweck meines Lebens? Das kann doch nicht alles sein!»

Dann versuchte ich, ihn mit «allem» zu lieben. Das war mehr als ein Gefühl nach einem guten Anbetungslied und einer über einstündigen Anbetungszeit am Morgen. Ich las diesen Vers und dachte: «Er möchte mich ganz und gar haben.» An jedem Detail meines Tages bis hin zu allen meinen Gedanken und Gefühlen möchte er beteiligt sein. Solch eine Forderung fand ich gleichzeitig überwältigend und aufregend, weil ich jetzt ein Ziel hatte. Es war mehr als eine Liste von Geboten und Verboten. Das war ganz persönlich, intim und griff in meine Privatsphäre ein.

In der Parallelstelle in Lukas 10,27 führt Jesus auf, wie wir ihn auf viererlei Weise lieben sollen. Davon sind drei in erster Linie inwendig. Nur er kann sie sehen. Dieses Gebot hat nichts damit zu tun, Menschen zu beeindrucken oder ihren Applaus zu erhaschen. Dieses Gebot brachte mich direkt vor den alleinigen Zuschauer und führte dazu, dass ich hauptsächlich nach innen hin lebte, weil er sich dort befindet und mich dort beobachtet und beurteilt.

Die innere Welt des Menschen ist eine der faszinierendsten Realitäten der gesamten Schöpfung. Wir verbringen die Mehrheit unseres Lebens innerhalb unseres Selbst. Wir schlafen, denken, verarbeiten Bilder und führen eine ständige Unterhaltung in unserem Kopf. Wenn ich mich in einem Sportstadion mit 80 000 Leuten befinde, denken wir alle an 80 000 verschiedene Dinge und leben in unserer eigenen Welt, wie ein Weltall von Welten, die ein größeres Weltall bewohnen. Die interne Welt ist riesig und endlos. Dort wohnt der Heilige Geist und dorthin schauen die feurigen Augen Jesu (Offenbarung 2,18). Er misst uns daran, was wir bei unserem Lebenswandel und auch in unserem Herzen tun. Das ist sowohl innerlich wie auch äußerlich, aber ich befürchte, die meisten von uns vernachlässigen das Innerliche und gerade dies bestimmt das Äußerliche. Das will ich in den nächsten Kapiteln weiter ausbreiten.

Das Denken

Hast du schon mal versucht, Gott mit allen deinen Gedanken zu lieben? Der Verstand ist so heilig, aber wir verschwenden ihn auf geradezu kriminelle Weise. Unser menschliches Denken ist von großem Wert und ganz vom freien Willen des Menschen abhängig. Das, worüber wir nachdenken, bestimmt unser Herz und unsere Gefühle, und sie wiederum bestimmen unsere Entscheidungen und alle unsere Erfahrungen im Leben. Unsere Gedanken sind einer der entscheidenden, definierenden Aspekte des Menschen. Damit meine ich nicht nur den Intellekt im Sinne unseres IQ, sondern ich rede davon, dass wir zu dem werden, was wir betrachten. Mit anderen Worten, wir werden wie die Dinge, mit denen wir unser Denken erfüllen.

Es ist mir unverständlich, wie viel Zeit wir mit Fernsehen, Filmen, der Suche im Internet und dem Anschauen von YouTube-Videos verbringen oder einfach damit, unser Gehirn im Namen des «Ausruhens» oder der «Unterhaltung» mit Situationskomödien und grober Dummheit zu marinieren. Wir verstehen nicht, dass wir durch solche unzähligen Stunden Samen in den Boden unseres Denkens säen, die wir nicht sofort ernten. Im Laufe der Zeit aber wird die Frucht einer solchen Verschwendung erkenntlich, wenn unser Verstand dumpf und dadurch auch unser Geist stumpfsinnig wird (siehe Galater 6,8). Ein stumpfsinniger Geist verursacht eine stumpfe Verbindung mit dem Herrn, was wiederum zu Verzweiflung und Sinnlosigkeit und schließlich zu Sünde führt.

All das beginnt im Denken. Es ist so verheerend, wie viel Zeit mit sinnlosen Dingen zugebracht wird. Ich glaube, wenn wir im Himmel sind, werden wir unter anderem sehr bedauern, wie viel Wertloses Zugang zu unserem Denken hatte. Eines Tag werden wir alles klar sehen und wir werden das Geschenk erkennen, das Gott uns machte, als er uns Raum fürs heilige Denken gab. Erschrocken werden wir realisieren, wie wir unser Denken verschwendet und damit unser Potenzial, Gott zu begegnen, nicht wahrgenommen haben, und wir werden es bereuen.

Ich möchte an jenem Tag nichts bedauern. Selbst heute Abend, wenn ich ins Bett gehe, soll mir nichts leidtun. Was wird mir vor Augen stehen, wenn ich sie schließe – die Videospiele, die ich in den letzten vier Stunden vor dem Schlafengehen gespielt habe – oder noch schlimmer, die Unmoral, die ich angesehen habe oder die groben Witze, die ich gehört habe? Wenn man sich einmal mit diesen Dingen beschäftigt hat, kann man nicht einfach aufhören, daran zu denken. Und trotzdem waten wir durch den nassen Zement unseres Denkens und hinterlassen ein Durcheinander, das trocknen wird und das nur die Barmherzigkeit Gottes und ein schockierender Vorschlaghammer aufzubrechen und zu erneuern vermag. Ich möchte die Würde verspüren, die mir gegeben worden ist, damit ich nicht nutzlosen Fantasien und wertlosen Dingen ausgeliefert bin.

Das ist nicht leicht. Ich neige zu Faulheit und Bequemlichkeit. Ich möchte mich mal entspannen und einfach eine Zeit lang «abhängen». Es ist unglaublich, wie viele junge Menschen, die anfangs voll für Gott entbrannt waren, sich auf dem Weg in ihrer ganzheitlichen Jagd nach Gott verirrt haben, weil ihnen die Zügel ihrer Gedanken durch billige Unterhaltung oder stundenlange nutzlose Debatten entglitten sind. Wenn jemand diesen Weg einschlägt, ist es schwierig, ihn zur Umkehr zu bewegen, weil er seine Vision für die Tiefe in Gott und für seinen Zweck verliert. Es ist schwierig, einen solchen Menschen aus diesem ziellosen Zustand zu holen. Davor habe ich wegen meiner Neigung zu Faulheit und Torheit selber Angst. Gott mit dem ganzen Denken zu lieben ist keine Lappalie. Wir führen ein ständiges Selbstgespräch, das wir nicht abstellen können und haben einen fortwährend laufenden Film im Kopf, dem wir nicht entgehen können. Wir können nicht auf «nichts» umstellen und unser Denken entleeren. Selbst wenn wir schlafen, können wir es nicht abstellen.

Das ist die Bühne, auf der Gott von dir gesehen werden möchte, aber die wenigsten schauen dort überhaupt mal nach ihm. Ich habe solche zwanghafte, suchtähnliche Neigungen, dass ich buchstäblich Stunden mit Googeln verbringe, ehe mir aufgeht, dass ich den geheiligten Raum meines Denkens vergeudet habe. Oder ich verliere mich in der Welt der sozialen Netzwerke, wo ich mich ständig mit anderen Leuten unterhalte. Manche Leute texten den ganzen Tag.

Wenn du dich in einem dauernden Gespräch mit anderen Menschen befindest, drängt es in den Raum ein, den Gott für die Unterhaltung mit ihm geschaffen hat. Es ist, als ob der Herr nicht zu Wort kommen kann, und dann schauen wir zu ihm auf und beschuldigen ihn der Stille. Doch wir halten nicht lange genug inne, um auf ihn zu hören und reden eigentlich auch gar nicht mit ihm. Selbst wenn wir mal allein sind, beschäftigen wir uns mit Twitter, SMS, Facebook, E-Mails und Internetrecherchen. Das ist natürlich nicht immer schlecht, aber falls du so wie ich zu zwanghaftem oder süchtigem Verhalten neigst, pass bloß auf! Sonst vergehen Tage, die sich in Wochen und dann Monate und Jahre verwandeln, und du redest selten mit Gott und denkst noch nicht einmal direkt über ihn nach. Dann ist der so heilige Ort deiner Gedanken voller Gerümpel, das nur mit sehr großer Anstrengung aufgeräumt werden kann.

Ich spüre bei dem Gedanken die Furcht des Herrn, weil ich eines Tages für mein Denken Rechenschaft ablegen werde. Allzu oft glauben wir, unseren Vorstellungen oder Gedanken hilflos ausgeliefert zu sein, aber wir müssen lernen, die Zügel unseres Denkens in die Hand zu nehmen, unseren Sinn durch das Wort zu erneuern und so verwandelt zu werden.

> Gestaltet eure Lebensführung nicht nach der Weise dieser Weltzeit, sondern wandelt euch um durch die Erneuerung eures Sinnes, damit ihr ein sicheres Urteil darüber gewinnt, welches der Wille Gottes sei ...
>
> Römer 12,2

Die Gedankenwelt ist das Saatbeet fürs Leben. Rechtschaffenheit und Bosheit beginnen gleichermaßen in den Gedanken. Jesus lehrte, dass der Ehebruch in den Gedanken beginnt. Alle möglichen Sünden und auch die Gerechtigkeit beginnen dort. Wir denken an das, was oben im Himmel ist (Kolosser 3,2) und werden zu dem, was wir betrachten (2. Korinther 3,18). Das bedeutet, wir werden zu dem, was wir uns anschauen, worüber wir nachdenken und womit wir den geheiligten Raum unseres Denkens erfüllen. Diese Idee ist erschreckend und die meisten nehmen sie nicht sehr ernst. Sie gibt einem aber auch viel Kraft, wenn man sie auf die Gerechtigkeit anwendet.

Wie man Jesus mit seinen Gedanken liebt

Als Erstes musst du erkennen, dass er dich mit all seinen Gedanken liebt. Er verlangt nicht etwas von dir, was er nicht schon selber tut (1. Johannes 4,19). Stell dir vor, wie ungeheuer groß Gottes Gedanken sind. Schau dir das Universum mit all seinen Einzelheiten an – von der Milchstraße bis zum Löwenzahn – die ganze erstaunliche Schöpfung. Und doch liebt er uns mit all seinem Denken.

Zweitens musst du glauben, dass er deine Gedanken sieht und ihm das, was sich in deinem Kopf abspielt, wichtig ist. Er schaut sich die Gedanken und Absichten der Menschen und nicht nur ihre Handlungen an. Er ist tatsächlich in der Lage, deine Gedanken zu sehen. Das kann kein Mensch. Selbst wenn ich direkt vor dir sitze, vermag ich nicht zu erkennen, was hinter der Fassade deines Gesichtes vor sich geht. Bis du es mir sagst, weiß ich nicht, was du denkst, aber Jesus sieht alles (Hebräer 4,13).

Drittens musst du glauben, dass es möglich ist, ihn mit deinem ganzen Denken zu lieben, und du wirst erleben, dass du dabei am glücklichsten und lebendigsten sein wirst.

Viertens darfst du nicht aufgeben. Du wirst ihn nicht in dem Augenblick, in dem du es dir vornimmst, mit «allem» lieben. Es ist eine lebenslange Entdeckungsreise, auf die du nach seinem Willen gehen sollst. Glaub mir, diese Liebe zu ihm «mit deinem ganzen Denken» wird dich zu vielen Entscheidungen führen, die den Verlauf deines Lebens beeinflussen. Es ist umwerfend, wie gut er uns kennt. Er wusste, wenn er im Zentrum des Menschen beginnt, würden der ganze Mensch und seine gesamte Umgebung beeinflusst werden. Daher beginnt Jesus im Kern des Menschen, zuversichtlich dass so der ganze Mensch in ein Ebenbild der Liebe verwandelt wird. Das hätte er nie erreicht, wenn er von außen her angefangen hätte. Noch einmal: Wir werden durch die Erneuerung unseres Denkens verwandelt (Römer 12,2).

Gott mit deinem Denken zu lieben schließt alles über ihn ein – was du über ihn, seine Persönlichkeit, sein Wesen glaubst. Die Jagd nach der Wahrheit und nach Ideen gehören dazu. Aus Liebe zu ihm kommst du zur Übereinstimmung mit der Wahrheit über Gott, dir selber, dem Leben, deiner Weltsicht, deiner Philosophie und deiner Theologie. Das Denken besteht aus dem Intellekt, aber nicht nur aus ihm, sondern auch aus der Vorstellungskraft. Wir spielen einen ständigen Film im Kopf ab und führen ein dauerndes Selbstgespräch.

Das Denken ist für die Kontemplation und die Meditation gedacht. Es ist das Tor zum Geist des Menschen, in dem Gott wohnt. Gott hat dir die Vorstellungskraft gegeben, und das Ziel ist nicht, sie zu überwinden, sondern sie anzuwenden. Du wirst sie nie besiegen, weil sie zu deiner menschlichen Ausstattung gehört und er dich mit der Fähigkeit geschaffen hat, dir die Schrift geistig auszumalen. Mehr darüber in den nächsten Kapiteln.

Ich möchte ihn mit meinem ganzen Denken lieben, bis zum Punkt, wo er zu meinem Lieblingsgedanken wird. Ich möchte, dass meine Gedanken beim Autofahren oder wenn ich «einfach so denke» ganz natürlich zu ihm wandern. Ich möchte, dass er zu meinem Tagtraum wird, zu meinem natürlichen Gedanken, meinem ersten und letzten Gedanken am Tag. Ich möchte, dass er zu meinem Ruheplatz wird und ich möchte ihm gehören. Ehrlich gesagt ist es oft anstrengend, über Gott nachzudenken und keinesfalls natürlich. Deshalb sage ich immer wieder: «Herr, hilf mir, dich mit meinem ganzen Denken zu lieben.» Das Denken muss erneuert werden und es ist ein Saatbeet, wo wir das, was wir säen, auch ernten. Jesus wird uns aber helfen, wenn wir ihn darum bitten, und er sieht unsere Bemühungen, selbst ehe wir die Fülle erreichen.

Das Herz

Alles beginnt am Ausgangspunkt des Denkens und das Herz schwingt dabei wie ein Unterton mit. Zugegeben, es ist schwierig, vollkommen zwischen Denken, Herz und Seele zu unterscheiden. In der Schrift werden diese Ausdrücke manchmal sehr ähnlich mit nur geringen Abstufungen verwendet. Ich möchte nicht allzu viel Zeit darauf verwenden, jeden dieser Begriffe mit seinen Abgrenzungen und Unterschieden zu definieren, sondern will mit einer groben Beschreibung fortfahren.

Wir sollen unsere Gefühle in unserer Liebe zu Gott einbringen. Gott möchte mehr als pflichtgetreuen Dienst. Unsere Liebe zu Gott berührt die Gefühle, ohne der Rührseligkeit zu erliegen. Wir spielen eine erhebliche Rolle dabei, wie sich unsere Gefühle im Laufe der Zeit entwickeln. Wir können eine größere Zuneigung zu Gott kultivieren, indem wir uns in unserem Herzen fest vornehmen, in diesem Bereich zu wachsen. Wir können frei wählen, welcher Person oder welchem Objekt wir unsere Liebe oder Zuneigung geben. Diese Entscheidung prägt mit der Zeit dann auch unsere Gefühle. Das gilt auch für den Beschluss, es sich zum Haupttraum des Herzens zu machen, nach dem ersten Gebot zu leben.

So wie wir unser Denken ändern, verändert der Heilige Geist unser Herz und unsere Gefühle. Als Erstes hängen wir unser ganzes Herz daran, Jesus zu lieben und andere zu veranlassen, ihn ebenfalls zu lieben. «Weil er fest an mir hängt, so will ich ihn retten, will ihn schützen, denn er kennt meinen Namen» (Psalm 91,14). David hatte sich entschieden, sein Herz an Gott zu hängen und ihn zu lieben; er beschloss, Gott zu lieben: «Ich will dich von Herzen lieben, o HERR, meine Stärke!» (Psalm 18,2; Schlachter).

Unsere Gefühle sind ein sehr wichtiger und mächtiger Teil unseres Lebens. Daher möchte Gott von diesem Bereich unseres Lebens her geliebt werden. Sorgfältig müssen wir unser Herz rein halten und es auf ihn richten. Wir bewahren unser Herz, indem wir es nicht zulassen, dass unsere Emotionen zu Unrecht mit Geld, ehrenvollen Rängen, falschen Beziehungen, sündigen Süchten, Bitterkeit, Anstößen und so weiter verknüpft sind. Sprüche 4,23 sagt: «Mehr als alles, was man zu bewachen hat, behüte dein Herz; denn von ihm hängt das Leben ab.»

Das Christentum ist eine fortlaufende, liebevolle Begegnung mit einer Person. Die wilde Entschlossenheit allein reicht nicht, uns standfest zu machen, wenn wir der Liebe nicht auf Herzensebene begegnen. Wir weigern uns, uns in fruchtlose Fantasien zu verlieren, die dazu führen, dass unsere Gefühle zunehmend von verschiedenen Begierden angestachelt werden. Unsere Liebe zu Gott drücken wir aus, indem wir uns Gefühlen widersetzen, die seinem Willen nicht entsprechen. Ihn von ganzem Herzen zu lieben heißt, eine Zuneigung zu ihm zu haben, die nicht zwiespältig ist, und ihm den exklusiven Besitz unseres Herzens zu überantworten. Die Leidenschaft steigt aus dem Herzen des Menschen hoch und motiviert ihn. Wir möchten von Jesus völlig erfüllt sein und uns ganz auf die leidenschaftliche Jagd nach ihm konzentrieren. Dazu braucht es übernatürliches Wirken des Heiligen Geistes. Wir können es nicht aus eigener Kraft tun, aber wir können uns fest vornehmen, auf diese Entdeckungsreise zu gehen.

Wenn ich meine Augen schließe und zu ihm rede, möchte ich wirklich Liebe zu ihm verspüren. Selbst das Verlangen, ihn zu lieben, ist ein Zeichen der Liebe. Unser Verlangen nach ihm ist eine übernatürliche Gabe und obwohl sich unsere Herzen oft stumpf anfühlen oder anderes wichtiger erscheint, werden unsere Herzen im Laufe der Zeit mit dem Feuer der Liebe erfüllt werden, wenn wir unsere Liebe auf ihn richten und ihn auf unser Herz legen. Dazu braucht man allerdings Zeit und es ist ein Kampf. Wenn es automatisch wäre, wäre es keine Liebe. Die andauernden Entscheidungen, die wir täglich treffen, unser Herz von anderen geliebten Dingen und Personen wegzuziehen und unsere Gefühle zu entwirren, sind auch schon Liebe in sich. Obwohl die eigentlichen Entscheidungen manchmal schmerzhaft sind, sind sie ein Ausdruck der Liebe und versetzen uns in die Lage, mit der Zeit das Feuer Gottes zu spüren. Unser Herz wird sich tatsächlich verändern.

Die Seele

Die Seele ist deine Persönlichkeit, sie ist das, was dich ausmacht. Die Seele ist das, was die Menschen voneinander unterscheidet. Sie ist der Blickwinkel, aus dem du das Leben siehst, deine Identität und einzigartige Persönlichkeit. Wir richten unsere Identität neu aus, damit sie auf unserer Beziehung zu Gott beruht, anstatt auf unseren Leistungen und auf der Anerkennung, die wir von den Menschen erhalten. Unsere Identität wird davon bestimmt, wie wir unseren Erfolg und Wert definieren und wie wir uns daher selber sehen. Wenn wir unsere Identität von unseren Erfolgen und unserer Anerkennung ableiten, enden wir in einem Gefühlssturm, der sich aus unserer Eitelkeit nährt. Fast automatisch nehmen wir unsere Leistung als sehr klein und unwichtig wahr, was dazu führt, dass wir uns verschmäht und vernachlässigt fühlen.

Wir brauchen eine neue, primäre Definition für den Erfolg im Leben: Unser persönlicher Wert wird dadurch bestimmt, dass wir von Jesus geliebt werden und ihn im Gegenzug ebenfalls lieben. Wir sollen in dieser Wahrheit als der Grundlage unseres Erfolgs und Werts und nicht in unserer Leistung, Anerkennung oder in unseren Besitztümern verankert sein. Unsere Identität muss darauf beruhen, dass wir von Gott geliebt werden und wir ihn daraufhin lieben. Unser Bekenntnis ist: «Ich werde von Gott geliebt und ich bin eine Liebhaberin/ein Liebhaber Gottes. Daher bin ich erfolgreich.»

Geht es in unserer Seele gefühlsmäßig weniger betriebsam zu, können wir Jesus viel besser lieben. Wir müssen unsere Seele regelmäßig neu ausrichten und unsere Identität in unserem letztendlichen Zweck verankern. Zweitrangige Dinge nehmen dabei eine zweitrangige Stellung ein, damit wir nicht ins Meer der Vergeblichkeit geworfen werden.

Kraft

Unsere Kraft drückt sich darin aus, wie wir unsere Mittel einsetzen. Gewöhnlich verwenden wir sie, um unseren persönlichen Komfort zu mehren oder wir setzen sie zu unserer Ehre ein. Wir sollen aber Gott mit aller Kraft lieben und unsere Mittel auch direkt in den Bau des Reiches Gottes investieren. Gott ist es an der Liebe gelegen, die wir ihm zeigen, wenn wir unsere Kraft in unsere Beziehung mit ihm investieren und anderen helfen, ihn ebenfalls zu lieben. Wir demonstrieren unsere Kraft in fünf Aktivitäten, wie man sie in der Mitte der Bergpredigt findet:

1. Das Segnen unserer Gegner (Matthäus 5,43-48; 6,14-15)
2. Dienen (Matthäus 6,1-4)
3. Beten (Matthäus 6,5-13)
4. Das Fasten beim Essen (Matthäus 6,16-18)
5. Geben (Matthäus 6,19-21)

Gott multipliziert unsere Kräfte und gibt sie uns dann zurück, allerdings nach seinem Zeitplan und auf seine Weise. Das erfordert Glauben, dass Gott zuschaut und dies als Ausdruck der Liebe schätzt. Mehr darüber im nächsten Kapitel.

Gott mit all unserer Kraft zu lieben umfasst Geld, Zeit, körperliche Kraft und Fähigkeiten. Er möchte so geliebt werden, nicht weil er unser Geld oder unseren Beitrag braucht, sondern weil viele menschliche Dynamiken in Gang gesetzt werden, wenn wir sie ihm in Liebe darbieten. Wenn wir durch unser großzügiges Geben unser Vertrauen vom Geld weg auf Gott übertragen, lieben wir ihn. Wenn wir ihm unser Recht, unsere Zeit nach unserem Belieben zu verbringen, übergeben, indem wir Zeit im Gebet und im Dienst an anderen verbringen, um ihm unsere Liebe zu zeigen, sieht er es.

Wenn wir dem Herrn in diesen Bereichen unserer Kraft gehorchen, bemühen wir uns in unserer Liebe, ihm weitaus mehr zu geben, als den meisten auch nur einfällt. Es ist so wichtig, das zu verstehen. Manche Leute glauben einfach, dass man Gott in einem Gottesdienst oder allgemein emotional liebt, wir aber wollen ihn mit ganzer Kraft lieben. Unsere Liebe ist greifbar und führt zur Tat. Obwohl wir schwach sind, wissen wir, dass uns das tiefer in die Liebe führen wird.

Bei meiner Suche, ihn zu lieben, habe ich die Problempunkte des Geldes, der Zeit, meiner Worte und der körperlichen Kraft entdeckt. Wenn ich ihm diese übergebe, spüre ich den Schmerz in meinem Fleisch (oder natürlichen Wesen) und sage: «Autsch, Herr, mir war ja noch gar nicht bewusst, wie ängstlich ich wegen des Geldes bin. Ich vertraue dir da wohl noch nicht so sehr, wie ich gedacht habe. Ich möchte dich in diesem Bereich lieben.» Oder: «Es war beschämend, mich nicht zu verteidigen, obwohl ich eine pfiffige Antwort parat hatte», doch ich hatte mich dafür entschieden, ihn zu lieben, indem ich die Kraft meines Denkens aufgab. Ich faste und spüre die körperliche Schwäche, entdecke aber seine Kraft. Er sagt: «Liebe mich mit deiner ganzen Kraft, indem du in diesen Bereichen fastest.» Das ist mit der Liebe zu ihm mit der ganzen Kraft gemeint. Ich werde das im nächsten Kapitel weiter ausbauen.

Alles

Der Grund, warum Jesus von uns fordert, dass wir ihn mit all unserem Herzen, all unserer Seele, all unserem Denken und aller Kraft lieben, liegt darin, dass er uns so liebt. Paulus schrieb in Epheser 3,18-19, dass wir uns Gottes Liebe gar nicht völlig vorstellen könnten, wenn wir nicht die Hilfe des Heiligen Geistes und die ganze Ewigkeit hätten, in der wir immer mehr über sie entdecken. Wir können den weiten Ozean der Liebe Gottes nicht verstehen, aber wenn wir seine hohe Forderung nach «allem» sehen, erkennen wir, dass er nicht etwas von uns verlangt, was er selbst uns nicht gibt. Wir ziehen mit Jesus ebenbürtig am selben Joch, nicht weil unsere Liebe genauso groß ist, sondern weil wir sie ihm ganz geben, genauso wie er es tut. Nicht wegen der Größe unserer Liebe, sondern wegen ihrer Gesamtheit. Obwohl unsere ganze Liebe klein ist, ist es dennoch unsere ganze Liebe. Der Herr weiß unsere Hingabe zu schätzen, ständig in der Liebe zu wachsen, und ihn berührt die Bemühung unseres Herzens, ihn zu lieben. Solange wir nicht aufgeben, siegen wir.

Schließlich erreichen wir den Punkt, an dem wir uns nicht mehr mit unserem Versagen identifizieren, sondern mit der

Liebe Gottes, dem Geschenk der Gerechtigkeit (2. Korinther 5,17) und dem Schrei unseres Geistes, Gott zu lieben. Unsere schwachen Bemühungen bewegen ihn und das macht das Leben sinnvoll und dynamisch. Der Zweck des Lebens ist, ihn mit unserem ganzen Sein zu lieben und von ihm geliebt zu werden. Wie wir sehen, ist das keine geringe Aufgabe, sondern eine lebenslange Reise, die alles in uns anrührt. Uns ist diese Würde - freier Wille genannt - gegeben worden. Dieser freie Wille erlaubt es uns, Entscheidungen zu treffen; und wenn wir uns dafür entscheiden, Jesus das zu geben, was er haben möchte, bewegt ihn das zutiefst. Dass wir Gott bewegen können, gibt unserem Leben größere Bedeutung und einen höheren Zweck als alles andere.

Das zweite steht ihm gleich

Das zweite Gebot kann nicht vom ersten getrennt werden. Jesus selbst hat gesagt, dass man nicht sagen kann, dass man ihn liebt und gleichzeitig seinen Bruder hassen kann. Die Liebe spielt sich nach dieser Reihenfolge ab:

1. Wir müssen erkennen, dass Jesus uns liebt, was uns der Heilige Geist offenbart. Wir lieben nur, weil wir zuerst geliebt werden (1. Johannes 4,19). Wir können ihn nicht lieben, bis wir erkennen, dass er uns liebt. Aus diesem Grund wachsen wir vor allem in unserer Liebe zu ihm, indem wir über seine Liebe zu uns nachdenken.
2. Wir lieben Jesus als Erwiderung auf seine große Liebe zu uns.
3. Wir lieben uns selbst. Immer wenn wir uns selbst in der größeren Geschichte Jesu erkennen und seine große Liebe zu uns sehen, fangen wir an, ihn im Gegenzug zu lieben. Dabei verändert sich unser Selbstbild. Wir leben

nicht mehr im Selbsthass, wünschen nicht mehr, dass wir jemand anders wären oder dass wir ein besseres Los im Leben gezogen hätten. Der Grund, weswegen viele ihren Nächsten nicht lieben, liegt darin, dass sie sich selbst nicht lieben. So sind sie neidisch oder verärgert über andere. Du wirst deinen Nachbarn nie in größerem Maße lieben, als du dich in der Gnade Gottes liebst.

4. Wir lieben andere.

Das alles ist übernatürlich und erfordert das Wirken des Heiligen Geistes. Die größte Gabe und das größte Werk des Heiligen Geistes im Leben des Gläubigen ist es, die Liebe auf diese viererlei Weise ins Herz auszugießen. Es ist unmöglich, mit dem Feuer der Liebe in Kontakt zu kommen und andere nicht zu lieben. Jesus liebt die Menschen so sehr, dass er für sie starb. Er ist der große Evangelist und verlangt sehr nach der Menschheit. Wenn wir in Berührung mit ihm kommen, werden wir andere lieben. Auch werden wir in sein Ebenbild verwandelt und als Träger seines Namens werden wir andere lieben, wie er sie liebt.

Es gibt einen Lebensstil der Liebe, der es uns ermöglicht, ihn und andere zu lieben, aber auf den ersten Blick erscheint es auf den Kopf gestellt. Jesus hat es uns so leicht gemacht, wie wir ihm gefallen können, dass jeder es tun kann, und doch tun es nur wenige. Es ist nicht zu geheimnisvoll oder weit entfernt. Er hat nicht darüber geschwiegen, wie er uns beurteilt. Die Herausforderung liegt darin, es anzuwenden und jahrzehntelang stetig dabei zu bleiben.

KAPITEL 5

Das umgekehrte, auf den Kopf gestellte Reich Gottes

Nach Jesu Definition ist die Liebe zu ihm tief in einem Geist des Gehorsams verwurzelt. Ohne den Versuch, ihm zu gehorchen, gibt es keine Liebe zu Gott. Nicht weil er ein Tyrann ist, sondern weil er uns durch und durch kennt und weiß, wie er uns am besten in der Liebe voranbringt. Seine Gebote sind der Weg zu Liebe und Leben. Deshalb hat er gesagt: «Wenn ihr mich liebt, so werdet ihr meine Gebote halten ... Wer meine Gebote hat und sie hält, der ist es, der mich liebt ... Wenn jemand mich liebt, wird er mein Wort halten» (Johannes 14,15-23).

«Wenn jemand mich liebt, wird er mein Wort halten.»Wie könnte diese Aussage klarer sein? Drei Mal innerhalb von wenigen Versen macht Jesus deutlich, wie er die Liebe zu ihm definiert. Vom 1. Buch Mose bis zur Offenbarung macht er es klar. Es verwundert, wie vage und schwammig viele mit dieser Definition umgehen. Ohne den Versuch, seinen Worten zu gehorchen, gibt es keine Liebe zu Jesus. Eine solche «Liebe» ist eine Täuschung, ein religiöses Hirngespinst und nichts weiter als religiöse Sentimentalität. Der Heilige Geist wird sie am Jüngsten Tag nicht bezeugen und Jesus wird sie am Richterstuhl nicht annehmen. Gott fordert mehr, als über die Liebe zu ihm zu singen oder Gedichte über die Liebe zu schreiben. Er verlangt mehr als sentimentale Gefühle.

Überall auf der Welt gewinnt etwas Unheiliges an Boden; in Jesu Namen modifizieren mehr und mehr Leute ihn zu einem Bild dessen, was sie in einem Gott wollen. Dann definieren sie die Liebe entsprechend dem «Gott», den sie geschaffen haben. Dabei handelt es sich nicht um Jesus.

Einer der Hauptkonfliktpunkte in der Generation der Wiederkunft des Herrn wird die Definition von Liebe sein. Lieben wir Gott nach seinen Vorstellungen oder folgen wir den Vorgaben einer humanistischen Kultur, die mit dem Gehorsam gegenüber seinem schriftlichen Wort nichts anfangen kann? Wir müssen Jesus mit der Absicht lieben, «seine Gebote zu halten», weil die Schrift unser Weg zu ihm ist und auch der Maßstab, nach dem wir beurteilt werden. Wir können nicht sagen, dass wir ihn lieben und gleichzeitig den Weg ablehnen, der zu ihm führt. Das ist so, als ob du jemanden im Ausland liebst, dich aber weigerst, diese Person zu sehen, mit ihr zu telefonieren, ihre Mails zu lesen, ein Flugzeug zu besteigen, um sie zu besuchen oder sogar dieselbe Sprache wie sie zu sprechen. Das ist keine Liebe.

Jesu Gebote sind wie Gleise, die uns zu ihm führen. Wenn du ihn liebst, wirst du den Zug nehmen und bei ihm ankommen. Das heißt nicht, dass unser Gehorsam reif ist oder dass wir nie scheitern. Ich versage oft und werde dem Gehorsam nicht gerecht, aber mein Herz ist fest entschlossen, dem geschriebenen Wort Gottes und ganz speziell der Bergpredigt zu gehorchen (Matthäus 5–7). Dort, in diesen drei Kapiteln, steht die klarste Definition der Liebe in der Bibel.

Er besitzt uns

Jesus möchte uns nicht nur vergeben, er möchte uns auch besitzen. Er möchte uns mit dem feurigen Stempel seines Namens brandmarken, markieren und als sein Eigentum beanspruchen. Er wünscht sich, dass wir seinen Namen tragen, damit alles, was ihm gehört, unser ist. Es sind die Sanftmütigen, die erben werden (Matthäus 5,5). Deine Freiheit liegt im Joch Christi und darin, dass du dich an ihn bindest und den Schlüssel wegwirfst. Ich möchte eine Gefangene der Liebe sein, durch die Zuneigung gebunden, vom Verlangen motiviert und an Jesus festhaltend, indem ich ihm die Herrschaft über mein Leben übergebe.

Ganz zu Anfang der Bergpredigt stellt er klar, dass er dich ganz haben will, nicht nur deine Handlungen, sondern auch dein Herz. Es geht um mehr als eine abzuhakende Liste; es geht um jeden Teil deines Wesens bis in die kleinsten Gedanken. Er möchte dich voll und ganz besitzen und dich in das Ebenbild der Liebe verwandeln. Wir geben die Rechte unseres Lebens in seine Hand, indem wir seinem geschriebenen Wort gehorchen. Als du sein Blut für die Vergebung deiner Sünden durch deine Zustimmung akzeptiert hast, hast du dich gleichzeitig durch einen Bund verpflichtet, dich Jesus hinzugeben. Du gehörst nicht mehr dir selbst, du gehörst einem Meister und deine Freiheit liegt in seinen Worten.

In der Liebe zu leben ist die befreiendste Lebensweise. Dazu wurdest du geschaffen. Das Gute an seinen Geboten ist sein Herz, das dahinter steht. Alle seine Gebote führen uns zu ihm und in die Freiheit. Das ist das Erstaunliche. Viele Menschen sind mit den schweren Ketten der Dunkelheit gefesselt. Ihr Herr mit dem Namen «Sünde» steht über ihnen mit einer Peitsche der Angst, der Scham, des Bedauerns, der Depression, der Begierde und des Stolzes, aber sie verweigern das Joch Christi im Namen der «Freiheit». Das ist irrational. So oder so wirst du gebunden sein, entweder von Sünde und Dunkelheit oder von der Liebe in Person. Ich stelle mich gern unter das Joch Jesu, obwohl es nicht immer leicht ist und ich oft versage. Seine Gebote sind meine Freude und meines Fußes Leuchte. Dem Kurs seiner Gebote folgend wollen wir laufen, da wir wissen, dass auf diesem Weg in uns seine ursprüngliche Absicht und sein Plan verwirklicht werden und machen dies zu unserem obersten Ziel.

Von Jesus als Jünger geschult

Der Tag wird kommen, an dem jeder und jede von uns vor dem Mann mit den feurigen Augen stehen wird - demselben Jesus, den der geliebte Johannes in der Offenbarung sah (Offenbarung 1,12-17). Er ist der Mann mit Feuer in den Augen und allein sein Urteil ist gültig. Er hat uns seinen Maßstab nicht verschwiegen. Als er auf Erden wandelte, hat er ihn sowohl gelehrt als auch vorgelebt. Dann hat er uns den Heiligen Geist gesandt, um uns in unserer Schwäche zu helfen, weil er Freude an unserem Verwandlungsprozess hat. An dem Tag, an dem wir vor ihm stehen, kann jeder von uns Gold besitzen - wenn wir das wollen. Dann aber wird es uns alles kosten (1. Korinther 3,11-15).

Das wahre Maß eines Menschen kann man nur am Lebensstil Jesu und an seinen Worten messen. Allein Jesu Worte und sein vorbildhaftes, von uns nachgeahmtes Leben auf Erden können den Erfolg definieren. Das ist die einzige Definition des Erfolgs, die uns ins nächste Zeitalter folgt, und es ist der einzige Weg zu ewigem Wert und ewiger Größe.

Die Liebe wird durch ein Leben demonstriert, das die Liebe in Person nachahmt. Als er auf Erden lebte, zeigte Jesus uns, was Liebe ist. Seine Lebensweise sollte man als höchsten Ausdruck der Liebe sehen. Wer ihn lieben möchte, wird ihn nachahmen und Jünger/in seiner Worte sein. Wir wollen Jünger Jesu und nicht der Menschen sein, weil nur Jesus den Maßstab besitzt, an dem wir gemessen werden, und nur er weiß, wie der ideale

Mensch aussieht. Wir müssen ihn zu seinen Bedingungen lieben. Die gute Nachricht ist, dass es so einfach ist, dass jeder es vermag. Die schlechte Nachricht ist, dass es so einfach ist, dass es nur wenige tun. Es ist einfach, aber kostspielig.

Es kostet uns alles, Jesus so zu lieben, wie er uns liebt, weil er alles gegeben hat. Aus diesem Grund fordert er uns auf, es ihm gleichzutun. Die Bergpredigt definiert die Liebe nach Gottes Vorstellungen. Er verlangt von uns nicht etwas, was er selber nicht getan hat. Er hat als Wegbereiter vor uns gelebt, um uns zu zeigen, wie man es macht (Hebräer 6,20). Er erklärte uns, was es bedeutet, Mensch zu sein. Jesus vertraute dem Vater sein Schicksal und seine Wege an und lebte so vor den Augen des Vaters. Selbst als es so aussah, als hätte er vergeblich gelebt und seine Kraft für nichts und wieder nichts ausgegeben (Jesaja 49,4), befahl er sich in die Hände des Vaters und lebte vor dessen Augen, ohne sich zu verteidigen oder sicherzustellen, dass er «das erhielt, was ihm zustand». Bei einem großen Teil der Bergpredigt geht es darum, dass wir unserem Leben nicht länger selber einen Sinn geben, sondern dies zuversichtlich in die Hände des Vaters übertragen.

Jesus ist sanftmütig im Herzen. Dabei handelt es sich nicht um Passivität, sondern um «zurückgehaltene Kraft». Er, der Gott aller Schöpfung, wandelte in den Straßen Jerusalems, verbarg seine Herrlichkeit und starb sogar durch die Hände seiner Geschöpfe, um zu demonstrieren, wie weit Liebe geht. Wie kann der Schöpfer, der Gott des 1. Buches Mose, so leidenschaftlich und demütig sein? Der Grund liegt in seiner Herrlichkeit. Das Joch, das er trägt, ist ein Joch der Sanftmut. Weil er sanftmütig von Herzen ist, möchte er uns unter dieses Joch bringen (Matthäus 11,28-30). Die Bergpredigt ist der Weg in das Joch Jesu. Wenn man es erst einmal trägt, ist es das «leichte Joch», aber es anzulegen erfordert «geistliche Gewalt» (Vers 12). Das ist das wahre Maß eines Menschen und es erscheint wie umgekehrt und auf den Kopf gestellt.

Ich liebe es, wie Jesus sein Reich arrangiert hat. Momentan ist es auf den Kopf gestellt und die Dinge erscheinen verkehrt. Er hat es so simpel gemacht: Um hochzusteigen, erniedrigt man sich einfach. Um reich zu werden, wird man arm. Jeder kann sich erniedrigen und arm werden. Jeder ohne Ausnahme kann dienen und in Demut wandeln. Ich finde Jesus so cool, weil er sagt, «sie [die Sanftmütigen] werden die Erde besitzen» (Matthäus 5,5) und «viele Erste aber werden Letzte sein und die Letzten Erste» (Markus 10,31). Keiner kann ihn der Unfairness oder Ungerechtigkeit bezichtigen, weil jeder ihm gefallen kann, indem er das tut und daher seinen Hauptlebenszweck erfüllt. Buchstäblich jeder kann es, außer den Stolzen. Ich glaube, wir werden schockiert sein, welchen Männern und Frauen er an jenem Tag «Kronen und Festgewänder» verleiht, weil sie Menschen waren, die in diesem Zeitalter übersehen oder gemieden wurden. Wir können einander nicht beurteilen, weil wir nicht sehen können, was er sieht. Er kennt das Herz des Menschen und er sieht das Geheime (Matthäus 6,1-6.18).

Geistliches Trauern

Die Bergpredigt zeigt uns, wie wir das erste und zweite Gebot ausleben. Doch je mehr ich danach zu leben versuche, desto mehr versage ich. Je mehr ich versuche, Gott von ganzem Herzen, mit ganzer Seele, ganzem Denken und aller Kraft zu lieben und andere wie mich selbst, desto mehr bin ich mir bewusst, wie sehr ich ihn brauche. Es ist unmöglich, Gott ohne übernatürliche Hilfe zu lieben. Ich sehe die Bergpredigt als Ausdruck der Liebe zu Jesus und der Menschheit und ich erkenne, wie wenig ich an das heranreiche. In solchen Momenten rufe ich immer um Hilfe und weine in meiner Unreife. Zu meiner Überraschung führt die ganze Übung am Ende dazu, genau diese inneren Einstellungen hervorzubringen, die Jesus als gesegnet bezeichnet.

Ich werde nie den Tag vergessen, als ich wegen meines Versagens in Tränen ausbrach und das Gefühl hatte, als würde ich Jesus nie lieben und dazu verdammt sein, in meinem Leben andauernd auf der Strecke zu bleiben. Mein Herz zerbrach darüber, wie leicht ich von der Wahrheit abweiche und wie schnell ich mich vom Herrn abwende. Ich weinte, weil ich ihn wirklich lieben wollte, das aber nicht fertigzubringen schien. Dabei sah mich ein Freund und sagte zu mir: «Glückselig sind die Trauernden, denn sie sollen getröstet werden! Glückselig sind, die nach der Gerechtigkeit hungern und dürsten, denn sie sollen satt werden!» (Matthäus 5,4.6; Schlachter) Er fuhr fort, dass meine Gefühle ein Zeichen für meine Liebe und keinesfalls für ihre Abwesenheit waren. Mein Trauern nach Gerechtigkeit war der Beweis für den Samen, der im Boden meiner Seele wuchs; zu gegebener Zeit würde ich die Frucht ernten, wenn ich nur dranblieb. Das beeindruckte mich tief.

Gleich am Anfang seiner Predigt sagt Jesus, dass das Verlangen, ihn zu lieben und in Gerechtigkeit zu wandeln, etwas Gesegnetes ist, selbst ehe wir es erreicht haben. Der vergebliche Versuch, nach der Bergpredigt zu leben, führt zu dieser geistlichen Trauer, was er von vorneherein gewollt hat. Es führt dazu, dass ich mich an ihn lehne und nicht auf meine eigene Kraft vertraue. Als mein Freund mir das sagte, ging so etwas wie ein Licht in meinem Herzen an. Mir dämmerte es, dass es Jesus in diesem Leben nicht an der Vollkommenheit liegt, wie wir sie definieren, sondern an Demut und Ausdauer. Er schätzt Demut und Beharrlichkeit mehr als sofortige Vollkommenheit. Aus diesem Grund sind Leben und Liebe ein Prozess.

Der innere Krieg

Für Prozesse habe ich mich noch nie begeistern können. Ungeduldig wie ich bin, möchte ich immer gleich «zur Sache kommen». Verrate mir am besten gleich die Pointe! Ein laufender

Prozess dagegen verstört mich oft. Jesus ist da ganz anders. Sein Reich ist wie ein Same, der Zeit braucht, um zu wachsen und Frucht zu tragen. Einer der Hauptzwecke des Lebens ist der Prozess und was er in uns hervorbringt. Womit würden wir die Ewigkeit zubringen, wenn alles sofort fertig wäre?

Jesus liebt die Abläufe und Vorgänge in uns und ist in unserer Schwäche geduldig mit uns. Die Bergpredigt leitet den Verwandlungsprozess ein, der in der Seele und im Leben der Person, die ihn liebt, vor sich geht. Sie hat die Kraft, dich zu verwandeln. Sie ist das Gesetz des Reiches Gottes, das innerlich und unscheinbar beginnt. Diese Predigt ist bizarr in ihrer Umsetzung, weil wir durch sie gegen den Strom unserer natürlichen Impulse schwimmen, uns selbst zu verteidigen, habsüchtig zu sein, es bequem haben zu wollen und sicherzugehen, dass jeder weiß, wie fromm wir sind. All das sind natürliche Tendenzen, die wir von Geburt an in uns tragen, und sie werden von der Hand des Töpfers gebremst, wenn wir den herrlichen Worten in dieser einfachen Predigt nachgeben. Auf den ersten Blick mag sie gar nicht so gewaltig erscheinen, aber beim Versuch, sie hundertprozentig auszuleben, wirst du die Hitze der Verwandlung spüren. Dann geht dir auf, dass vieles in ihr das Gegenteil deiner natürlichen Neigung zu Begierde und Stolz ist. Das liegt daran, dass Jesus so ganz anders ist als wir. Er ist die Liebe und daher die Demut.

Als ich Anfang zwanzig war, war ich total von der Bergpredigt begeistert. Ich knöpfte mir jeden vor, den ich erwischen konnte, und predigte ihm die Bergpredigt als den Lebensstil der Liebe. Als ich daranging, sie selber in die Tat umzusetzen, begann sich etwas in mir zu verändern. Diese Veränderung war nicht darauf zurückzuführen, dass ich nach einer Reihe von Regeln, so einer Art von Checkliste, lebte, sondern dass ich verwandelt wurde, weil so viel dieser Predigt von dem handelt, was man im Geheimen tut. Immer wieder sagt Jesus: «Meine Augen ruhen auf dir und alles, was du tust, ist wichtig. Jedes Mal wenn du dich für mich entscheidest, jedes Mal wenn du nach Gerechtigkeit strebst, jedes Mal wenn du die andere Wange anbietest, die zweite Meile gehst, dich weigerst, dich wegen deines Lebens zu sorgen – nenne ich das Liebe. Ich sehe all das als Liebe und es bewegt mein Herz.»

Der innere Krieg ist der Schauplatz, an dem wir uns dafür entscheiden können, Liebe zu zeigen. Immer wieder stehen wir vor derselben Wahl wie Adam im Garten: Wenn wir uns für Gerechtigkeit, Demut, Liebe und Sanftmut entscheiden, demonstrieren wir nicht nur unsere Loyalität gegenüber Jesus, sondern auch unsere Liebe zu ihm.

Je mehr ich der Bergpredigt Raum gab, desto entschlossener wurde ich, sie bis ins Äußerste umzusetzen. Dienerschaft, Fasten, Gebet, ein nach innen gerichtetes Leben, Liebe zu Feinden – all dies nennt er Liebe. Meine Lebensberufung ist es, vor seinen Augen zu leben, indem ich seine Befehle als Gebrauchsanleitung für mein Herz und Leben nehme – in der festen Zuversicht, dass er zuschaut und es Liebe nennt. Er sieht ins Geheime und es ist egal, wie viele Leute es bemerken oder auch nicht. Nur sein Urteil zählt am Ende. Wir wissen schon jetzt, wie wir beurteilt werden. Er hat klargemacht, dass die Richtschnur der Schrift der Maßstab ist, nach dem wir an dem Tag gemessen werden, an dem wir ihm von Angesicht zu Angesicht begegnen. Die Bergpredigt ist eine der wichtigsten Stellen, an denen er diesen Standard deutlich gemacht hat.

Für die verwandelnde Kraft dieser Predigt möchte ich ein paar Beispiele geben. Wenn Jesus sagt: «Wer dich auf die rechte Wange schlägt, dem halte auch die andere hin» (Matthäus 5,39), meint er dabei nicht Körperverletzungen, sondern Beleidigungen. Wenn ein Mann seinem Nachbarn eine Ohrfeige versetzte, war das eine Beleidigung. Jesus sagt: «Verteidige dich nicht, wenn man dich beleidigt.» Wenn ich mir missverstanden vorkomme, möchte ich mich oft verteidigen oder beweisen. Dann höre ich Jesus flüstern, dass mein Ruf in seinen und nicht in meinen Händen liegt. Das fällt den meisten Leuten schwer, weil wir uns von Natur aus verteidigen und definieren wollen, aber er ist unser Verteidiger und er definiert uns. In solchen Fällen zu schweigen ist für mich jedes Mal eine Herausforderung und ich bin nicht immer gut darin. Aber er sieht diesen Kampf und nennt ihn Liebe. Wenn ich diese Entscheidung immer wieder von Neuem treffe, erlebe ich, wie ich verwandelt werde.

In einem weiteren Beispiel für die verwandelnde Macht seiner Worte offenbart Jesus, wie der Geist der Unmoral wirkt: Er ist als Erstes in den Gedanken verwurzelt. Auch hier geht es Jesus darum, die ganze Person zu besitzen. Er sagt: «Wer eine Frau auch nur mit Begehrlichkeit anblickt, hat damit schon in seinem Herzen Ehebruch an ihr begangen» (Vers 28). Der Ehebruch beginnt mit dem begehrlichen Blick, wandelt sich zum Ehebruch im Herzen, was unter geeigneten Umständen schließlich zum tatsächlichen Vollzug des Ehebruchs führt. Das Prinzip ist, dass die Unmoral zuerst im Bereich der Augen beginnt. Unser Auge bildet das Tor zu unserem inneren Sein. An dieser kritischen Stelle entscheidet sich, ob wir der Sünde das Tor öffnen, sprich sie hereinlassen, oder ob wir sie abweisen. Das trifft auf alle Sünden, nicht nur sexueller Art, zu. Es ist einfacher, das «Augentor» zu schließen, als erst danach das entfachte Feuer unmoralischer Leidenschaften zu löschen.

Bei diesen Worten geht mir auf, dass Jesus von mir nicht nur verlangt, mich in meinen Handlungen zu beherrschen, sondern dass ich bereits von der Wurzel an wachsam bin. Ihm geht es um die eigentliche Wurzel der Begierde und er lehrt uns, wie wir auf der Ebene des Herzens verwandelt werden. Das führt dazu, dass ich die Sünde erkenne, ehe sie aufblüht, und ich werde von innen her verwandelt.

An dieser Stelle beginnt der Kampf. Man sieht oft, wie Gott eindringlich mit seinem Volk redet, weil ihre Herzen weit von ihm entfernt sind. Er ist auf unsere Herzen aus und möchte uns ganz für sich haben. Es gibt einen Krieg in uns und auf diesem Schlachtfeld können wir ihm unsere Liebe erweisen. Wir entscheiden uns dafür, als Dienerinnen und Diener in Sanftmut zu leben, so wie Jesus es uns vorgeführt und in der Bergpredigt gelehrt hat. Dabei richte ich mich nicht nur mit meinem Denken und in meinen Gefühlen nach ihm aus. In jedem Bereich meines Lebens kann ich ihm meine Liebe zeigen. Jedes Mal wenn ich mich für die Gerechtigkeit und Demut entscheide, nennt er es Liebe. Jetzt kann ich etwas «tun», um meine Liebe zu zeigen.

Die folgende Zusammenfassung der Bergpredigt durch Mike Bickle hilft mir, diese Predigt zu verstehen:

> Die Bergpredigt (Matthäus 5–7) definiert die Liebe nach Gottes Vorstellungen. Sie ruft uns auf, die acht Seligpreisungen auszuleben (Matthäus 5,3-12), indem wir den hundertfachen Gehorsam anstreben (Matthäus 5,48), uns den sechs negativen Einflüssen widersetzen, die mit unseren natürlichen Begierden zusammenhängen (Matthäus 5,21-48), und den fünf positiven Nährstoffen nachjagen (Matthäus 6,10-18), die uns in die Lage versetzen, die Gnade durch den Heiligen Geist zu empfangen. Wir messen die Auswirkung unseres Dienstes nicht an der Zahl der Menschen, die wir erreichen, sondern daran, wie weit diese Menschen aufgrund unseres Dienstes diese Werte in ihrem Leben umsetzen.[1]

Über die Bergpredigt sind viele Bücher geschrieben worden und ich nehme mir hier nicht die Zeit, sie alle für dich aufzuschlüsseln. Mache es dir doch zu einem deiner Lebensziele, die Bergpredigt zu erforschen und auszuleben. Dazu einige empfehlenswerte Kommentare:

- D. Martyn Lloyd-Jones: Bergpredigt, Band 1 und 2
- John R. W. Scott: Die Botschaft der Bergpredigt

---

1 Mike Bickle: *«Loving Jesus: The First Commandment Restored to First Place»*, http://mikebickle.org/resources/resource/3334 (verifiziert am 31.8.2013)

- R. T. Kendall: *The Sermon on the Mount*
- D. A. Carson: *Jesus' Sermon the Mount and His Confrontation With the World*

Es gibt noch viele mehr, doch wenn du danach wie nach einem Schatz suchst, wirst du selber viele weitere Veröffentlichungen über die Bergpredigt entdecken.

Wenn du dich aufmachst, die Bergpredigt hundertprozentig auszuleben und gleichzeitig siehst, was Jesus von dir trotz deiner Unreife hält, wirst du verwandelt werden. Das geschieht nicht augenblicklich. Denk dran, Leben und Liebe sind Prozesse und Jesus hat seine Freude an ihnen. Du wirst oft versagen, aber selbst dein Scheitern führt zu den Einstellungen deines Herzens, die er sich wünscht, wenn du dich ernsthaft um hundertprozentigen Gehorsam bemühst. Bleib dran, bemühe dich stets und gib nicht auf. So lange du nicht aufgibst, gewinnst du.

Miss dein Wachstum nicht an ein oder zwei Jahren, sondern über Jahrzehnte hinweg und du wirst sehen, wie du dich verändert hast. Verheddere dich nicht darin, wie weit du gekommen bist oder wie weit du durch Rückschläge Land verloren hast. Schaue einfach nach vorn und überlasse es Jesus, dich am letzten Tag zu beurteilen; leg nicht selber das Maß an dir an. Du kannst nur dann durchhalten, wenn du verstehst, wie er über dich inmitten des Verwandlungsprozesses denkt. Es berührt ihn zutiefst, wenn er unser Bemühen sieht, ihn von ganzem Herzen, mit unserer Seele und unserem Denken und mit aller Kraft zu lieben. Er ist zutiefst bewegt, wenn wir zum ersten Mal den Entschluss fassen, die Frohe Botschaft großzügig auszuleben, selbst wenn wir hinter den uns im Herzen gesetzten Erwartungen zurückbleiben (Hohelied 4,9).

Die Freiheit der Heiligkeit

Je klarer ich sah, wonach Jesus suchte und je zuversichtlicher ich wurde, dass er mich inmitten meines Reifeprozesses mochte, desto freier wurde ich bei meiner Bemühung, aus vollem Herzen zu leben. Die Forderungen Jesu befreiten mich, weil mich nichts mehr angreifen konnte. Wer auf solche Weise lebt, ist unantastbar. In diesem Leben binden uns vorwiegend Dinge, die Angst oder Dunkelheit bewirken. Doch die meisten Ängste können bewältigt werden, indem man gemäß der Bergpredigt im entgegengesetzten Geist handelt.

Jesus zeigt uns einen klaren Weg zur Freiheit von Angst und Sünde. Es ist die Freiheit der Heiligkeit. Wenn du so lebst, hast du eine Berufung, die höher ist, als den Menschen gefallen zu wollen oder deinem Stolz und deiner Begierde zu dienen, und du wirst unantastbar. Damit will ich nicht sagen, dass dich die Meinungen der Menschen oder die Sünde nicht berühren sollen, aber du besiegst sie nach und nach, und dein eigentlicher Lebenstraum wird damit unantastbar. Die Demut wurde zu meinem Ziel, Jesu Worte wiesen mir den Weg und jeder Umstand wurde zu einem Schauplatz, an dem ich meine Liebe unter Beweis stellen konnte. Selbst die Liebe zu meinen Feinden, die damals einfach aus Menschen bestanden, über die ich mich ärgerte, wurde zu einer Plattform für die Liebe zu Jesus. Ich wollte mich ganz besonders bemühen, die zweite Meile zu gehen, weil ich wusste, dass er mir zuschaute und es Liebe nannte. Meinem Wunsch nach Komfort, Bequemlichkeit und niedrigen Vergnügungen wollte ich den Krieg erklären, weil ich mehr von seinem viel höheren Vergnügen spüren wollte. Mein Leben begann vor seinen Augen lebendig zu werden und es gab niemanden, der diese Vision anrühren konnte. Dies ist der unzerbrechliche und ewig gültige Traum.

Das ist das auf den Kopf gestellte Königreich, und wer so lebt, erscheint in den Augen der Menschen oft töricht oder schwach, aber diese Art der Weisheit wird einmal gerechtfertigt sein. Historisch gesehen gibt es viele leuchtende Beispiele von Männern und Frauen, die diese Botschaft in außerordentlicher Weise ausgelebt haben. Ihr Leben proklamiert laut «Transzendenz» und weist auf den Größeren hin. Sie sind ein prophetisches Sprachrohr, das verkündet, dass am Leben mehr dran ist, als man auf Anhieb erkennt und dass jemand uns zuschaut, der uns am Ende beurteilt. Ich möchte ein prophetisches Leben führen, möchte wirklich die Botschaft sein und sie nicht nur predigen. Was treibt jemand zu solch einem gegensätzlich erscheinenden Lebensstil? Jeder liegt doch mit jedem im Konkurrenzkampf und versucht, die höchste Stufe der Erfolgsleiter zu erklimmen. Wir aber wollen keinen Konkurrenzkampf führen, sondern im wahren Rennen laufen – im Rennen um die ewige Trophäe. Dieses Rennen entdeckt man in den Worten Jesu. Wer das Evangelium großzügig und freigiebig auslebt, liebt bis ins Äußerste und berührt Jesu Herz zutiefst. Die Bergpredigt trägt dazu bei, dich zu entflammen, wenn du sie mithilfe des Heiligen Geistes vor den Augen des Einen auslebst, der dich liebt.

«Schau nur auf Jesus»

Als Teenager las ich Corrie ten Booms Buch «Die Zuflucht», wobei mir auffiel, wie oft sie und ihre Schwester Betsie die Bergpredigt zitierten. Die Geschichte von Corrie und ihrer Familie ist bekannt: Sie waren holländische Christen, die während des Zweiten Weltkriegs in den Niederlanden wohnten. Während der Besetzung durch die Nazis engagierten sich mehrere Mitglieder der Familie ten Boom, den Juden zu helfen, die im Verborgenen lebten. Corrie, ihre Schwester Betsie und ihr Vater Casper nahmen Juden auf, die versuchten, vor den Schrecken der Nazis zu fliehen. Corrie, Betsie, Casper, ihr Bruder Willem und ein Neffe wurden schließlich in ein Konzentrationslager gebracht, wo Betsie, ihr Neffe und Casper starben. Willem starb nach dem Krieg an spinaler Tuberkulose, die er sich im Gefängnis geholt hatte. Allein Corrie überlebte, um uns davon zu erzählen.

Die Schrecken eines Konzentrationslagers sind schier unvorstellbar und ihre Geschichte drängte mein Herz, nach dem Sinn des Leidens und der Liebe zu fragen. Doch diese Frauen waren wie Leuchten, die mit hellem Schein brannten, unablässig in ihrer Hingabe an Jesus und eifrig darauf bedacht, ihm zu gefallen. Vor allem eine der Geschichten, an die sich Corrie in ihrem Buch erinnert, ist mir besonders unvergesslich. Eines Tages musste Betsie Steine von einem Haufen zum anderen tragen. Jeder im Lager war krank und am Verhungern, aber Betsie war besonders gebrechlich und krank und sie hatte Mühe sich zu bewegen. Als eine der Wächterinnen sah, wie sie sich abmühte, kam sie zu ihr herüber, setzte ihr hart zu, beschimpfte sie schwer und verlangte von ihr, härter zu arbeiten. Dann nahm die Wächterin einen Teil ihres Ledergürtels und schlug ihr damit über die Brust und den Hals. Corrie schaute zornig und hilflos zu. Sie liebte ihre Schwester zutiefst und konnte nichts tun, um diese Ungerechtigkeit und den Schmerz zu verhindern, der ihr zugefügt wurde.

Ohne zu wissen, was sie tat, und mit mörderischem Zorn in ihrem Herzen ergriff Corrie ihre Schaufel, um sich auf die Wächterin zu stürzen. Betsie hielt sie an und sagte: «Corrie! Corrie, arbeite weiter!»

Dann sah Corrie die blutige Strieme an Betsies Hals, und Betsie sagte: «Schau sie nicht an, Corrie. Schau nur auf Jesus!»[2]

Sie appellierte an Corrie, auf Jesus zu schauen und sich für die Liebe zu entscheiden, trotz allem was die Wächterin ihr gerade angetan hatte. Genau an dieser Stelle, wo sie menschlich sehr litt, machte die Realität von Betsies Beziehung mit Jesus sie unantastbar. Ja, ihr Körper tat weh. Ja, ihr Herz schmerzte,

2 Corrie ten Boom; Die Zuflucht, Hänssler Verlag

aber sie weigerte sich, sich auf das Niveau des Bösen erniedrigen zu lassen. Sie entschied sich dafür, darüber zu leben.

In einer anderen Szene ermutigte Betsie ihre Mitmenschen im Herrn:

> Jesus kennt alle eure Gefühle. Er betet mit euch, wenn zwei oder drei sich zum Gebet versammeln. Er versprach, dass er anwesend ist – selbst in Ravensbrück! In unserem bisherigen Leben hat uns so viel von ihm getrennt, aber hier ist das alles weggerissen worden und wir erkennen die Wahrheit: Jesus ist in jedem von uns, er ist das Licht in dieser Dunkelheit und wir können ihn gemeinsam preisen![3]

Dann begannen sie gemeinsam zu beten. Betsie betete für ihre Verfolger, wie Jesus uns geboten hat: «Vater, segne die Deutschen aus deinem großen Warenlager der Liebe. Vergib ihnen um Jesu willen. Rechne ihnen diesen Ort nicht als Schuld an, sondern vergib ihnen, noch ehe sie zu bitten wissen.»[4]

Nur zu gern hätte ich den Gesichtsausdruck von Jesus gesehen, weil sein Herz so tief von der Hingabe dieser Frau berührt wurde. Sie glaubte, dass er sie beobachtete und dass ihre Herzensreaktionen ihm wichtig waren. Sie glaubte, dass das Leben größer war als ihr momentanes Leiden, und sie hatte es zugelassen, dass sich wahres Mitgefühl und aufrechte Liebe in ihrem Herzen bilden konnte, bis zu dem Punkt, an dem sie echte Liebe für einem wirklichen Feind empfand. Das ist das Werk des Heiligen Geistes und ein Zeugnis für die Transzendenz. Solcher Männer und Frauen ist die Welt nicht würdig.

Historisch gesehen gibt es eine Vielzahl von Geschichten, in denen Männer und Frauen das Evangelium großzügig und so gut wie möglich auslebten. Ich liebe solche Geschichten und denke gern über sie nach. Ich möchte mich nicht mit den Men-

---

3 Corrie ten Boom; Die Zuflucht, Hänssler Verlag
4 ebd.

schen in meiner Generation vergleichen und mir erhaben vorkommen, weil ich ein bisschen mehr Geld spende oder ein bisschen mehr Zeit im Gebet verbringe als meine Zeitgenossen. Ich möchte das Rennen mit Männern und Frauen wie Johannes dem Täufer und allen, die nach ihm kamen, laufen – Leuten, die die Worte Jesu für bare Münze genommen haben und wirklich zu Menschen geworden sind, derer die Welt nicht würdig ist.

Das können wir nicht aus eigener Kraft. Es ist unmöglich, Jesus ohne göttliche Hilfe zu gefallen und uns zu verwandeln. Wir sind sehr bedürftig, und je länger ich mich dringlich um ein Leben aus ganzem Herzen bemühe, desto mehr erkenne ich meine Not. Je älter ich werde, desto schwieriger wird es, nicht leichter. Ich möchte das Rennen mit Ausdauer rennen, aber ich brauche die Hilfe von jemand, der größer ist als ich. Es braucht die Hilfe von Gott selbst, um im Ofen der Umgestaltung zu verbleiben. Häufig beginnen wir mit viel Eifer und haben dann sehr bald keine Kraft mehr. Wir brauchen das Feuer, das von Gott kommt, um uns Energie zu geben, uns zu erhalten und bis zum Ende standhaft zu machen. Wir brauchen seine Hilfe.

KAPITEL 6

Das Feuer der Liebe: von Gott aufrechterhalten

Ein weiser Mann sagte einmal: «Um Gott zu lieben, braucht man Gott.» Je länger ich dabei bin, Jesus zu lieben, desto mehr geht mir die Wahrheit dieser Aussage auf. Ohne die Hilfe des Heiligen Geistes ist es unmöglich, eine echte Liebe zu Jesus und anderen aufrechtzuerhalten. Ohne einen übernatürlichen Helfer, der uns in diese Liebe führt (Römer 5,5), sind wir unfähig, das Evangelium aus vollem Herzen zu leben oder ein Herz voller Liebe zu Jesus zu haben.

Jesus sagte uns, dass wir ihn von ganzem Herzen, mit ganzer Seele, mit ganzem Denken (Matthäus 22,37) und mit aller Kraft lieben sollen, aber so lange wir diesen Befehl nicht mit der Aufforderung kombinieren, in ihm zu bleiben (Johannes 15,4-5), ist das ein nicht umsetzbares Gebot. Unsere Not ist so groß und wir sind so völlig von ihm abhängig, dass wir nie ohne Gottes persönliche Hilfe, Wegweisung, Lehre und Rat auskommen werden. Auch das bezeugt seinen großen Eifer für uns als Einzelpersonen und seinen Wunsch, dass wir uns auf ihn stützen und uns täglich auf ihn verlassen. Dazu müssen wir Gott regelmäßig begegnen.

Heutzutage reden viele von ihrer Begegnung mit Gott, aber ich bin mir nicht sicher, was sie mit diesem Ausdruck meinen. Manchmal reden sie von Manifestationen wie Zittern oder Umfallen, die sie haben, wenn jemand für sie betet. Andere denken dabei an einen finanziellen Durchbruch oder an eine Heilung. Ich glaube an diese Art der Begegnungen, aber es gibt etwas noch Größeres, etwas noch Aufregenderes, etwas, was uns noch mehr stärkt und uns noch hungriger nach mehr werden lässt: wenn Gott sich selbst unserem Herzen offenbart. Wenn wir Liebe zu ihm und von ihm spüren, selbst wenn es nur einen Augenblick lang ist, spüren wir, wie die Wärme seines Herzens unser Herz berührt. Dieser heilige Kuss genügt, uns für den Rest unseres Lebens auf eine intensive Schatzsuche zu schicken. Wir werden alles tun, um jene Berührung noch einmal zu erleben. In diesem heiligen Austausch berühren wir unseren primären Lebenszweck, nämlich bei Gott zu sein. Für diesen göttlichen Austausch wurden alle Menschen geschaffen.

Bleibe in der Liebe

Wir müssen in seiner Liebe bleiben. Das ist keine einmalige Sache, die du hinter dir lassen könntest, wenn du sie einmal erlebt hast. In der Liebe zu bleiben bedeutet ein ständiges Zurückkehren zur Liebe. Ich habe viele Menschen gesehen, die anfangs für Jesus brannten, radikal in ihrem Gehorsam und eifrig bedacht, sich ihm völlig hinzugeben. Aber innerhalb kurzer Zeit verglühte ihr Feuer, weil sie ihre aktuelle Herzensverbindung mit der Person des Heiligen Geistes verloren hatten.

Burn-out geschieht nicht, weil man zu schwer, sondern aus der falschen Motivation heraus arbeitet. Wenn du arbeitest, um Jesu Aufmerksamkeit zu erlangen oder versuchst, dir etwas von ihm zu verdienen, wirst du dich kaputt machen. Falls du arbeitest, um von den Menschen bestätigt zu werden, wirst du zusammenbrechen. Wir müssen ständig zum Brunnen der Liebe zurückkehren und tief daraus trinken, wenn wir den Tumult des Lebens in seiner Geschäftigkeit und gleichzeitig Langweile ertragen sollen.

Viele Christen, die ihren Weg mit dem Herrn voller Eifer beginnen, kommen sich am Ende leer und desillusioniert vor. Andauernd meinen sie, es fehle etwas in ihrem Leben und sie wünschen sich, dass sie die Leere füllen könnten. Historisch gesehen haben viele sehr erfolgreiche Männer und Frauen sowohl im weltlichen als auch im religiösen Bereich die oberste Sprosse ihrer Erfolgsleiter erreicht, nur um am Abend in schmerzhafter Leere ins Bett zu gehen, weil es sie nicht ausfüllt. Sie sehnen sich nach der echten Verbindung mit jemand oder etwas, was das innere Reservoir füllt, aber niemand und nichts vermag das.

Das betrifft selbst das Leben der Diener und Dienerinnen des Herrn. Beim Versuch, die Sehnsüchte unseres Herzens zu stillen, gehen wir von einer Sache zur anderen. Aber nur die «auf einer höheren Ebene zu findende Freude des Evangeliums» kann die Sehnsüchte des Herzens stillen und nur die Kontaktaufnahme mit dem lebendigen Gott wird uns vollkommen erfüllen. Das hat der Herr sich so ausgedacht. Diese Leere soll uns zu ihm hinziehen, weil unser Hauptlebenszweck in ihm ist.

Ich höre häufig Pastoren sagen, dass sie ein «Burn-out haben» oder «desillusioniert» sind. Sie scheinen erschöpft, leer und traurig zu sein, so als ob sie geistlich nicht lebendig sind. Dieses Gefühl kenne ich auch. Ich weiß noch, wie ich das erste Mal in einer großen Arena den Anbetungsgottesdienst leitete. Es war eine Konferenz für junge Erwachsene mit 10 000 Teilnehmern. Nachdem ich die Menschen in der Arena in der Anbetung geleitet hatte, verließ ich die Bühne und dachte: «Das war alles? Das soll der Zenit meines Dienstes sein? Fühlt es sich wirklich so an, den Willen Gottes zu tun und von ihm gebraucht zu werden?»

Mein Dienst befand sich auf dem Höhepunkt. Ich diente dem Herrn und den Menschen, aber ich war deprimiert – nicht weil es mir nichts wert ist, einen Unterschied zu machen, aber ich nahm an, es würde aufregender und befriedigender sein, als es tatsächlich war. In Wirklichkeit war es ein Dienst. Egal wie groß die Gemeinde ist oder in welchem Bereich des Lebens du dienst, wird dich das allein nicht befriedigen. Die Zufriedenheit kommt von deiner Gewissheit, dass Jesu Augen auf dir ruhen, und von deiner Verbindung mit dem Heiligen Geist, der in dir ist. Sie allein geben dir die nötige Kraft im Leben und nicht dein Einfluss, so gut er auch sein mag. Die Kraft, die unser Leben aufrechterhält, ist nicht unser Einfluss auf die Menschen, sondern die regelmäßige, innige Verbundenheit mit Jesus durch den Heiligen Geist und das Brot der Schrift.

Wir beeinflussen Menschen, dienen und schwitzen in Jesu Weinberg und arbeiten mit anderen zusammen, um die große Seelenernte für Jesus einzubringen. Das alles ist sehr gut und wichtig. Wenn wir jedoch meinen, dass uns die Weite und das Ausmaß unseres Einflusses befriedigen, lernen wir schnell, wie leer das ist. Das ist von Gott so gewollt, weil er uns nicht ausschließlich als Arbeitskraft , sondern ganz für sich haben möchte. Er möchte bei uns sein, Gemeinschaft mit uns haben, mit uns reden, uns sagen, was ihm am Herzen liegt und uns seine tiefsten Gedanken mitteilen (1. Korinther 2,10-12). Im Kern seiner Persönlichkeit ist er ein Bräutigam und inmitten unseres Dienstes möchte er unser Herz haben.

Matthäus 25

In Matthäus 25,1-13 erzählt Jesus ein Gleichnis vom Bräutigam-Gott und den zehn Jungfrauen.

> 1 Alsdann wird das Himmelreich zehn Jungfrauen gleichen,
> die sich mit ihren Lampen in der Hand zur Einholung des
> Bräutigams aufmachten. 2 Fünf von ihnen waren töricht
> und fünf klug; 3 denn die törichten nahmen wohl ihre Lam-
> pen, nahmen aber kein Öl mit; 4 die klugen dagegen nah-

men außer ihren Lampen auch noch Öl in den Gefäßen mit sich. [5] Als nun der Bräutigam auf sich warten ließ, wurden sie alle müde und schliefen ein. [6] Um Mitternacht aber erscholl ein Geschrei: «Der Bräutigam ist da! Macht euch auf, ihn zu empfangen!» [7] Da erhoben sich jene Jungfrauen alle vom Schlaf und brachten ihre Lampen in Ordnung; [8] die törichten aber sagten zu den klugen: «Gebt uns von eurem Öl, denn unsere Lampen wollen ausgehen!» [9] Da antworteten die klugen: «Nein, es würde für uns und euch nicht reichen; geht lieber zu den Krämern und kauft euch welches!» [10] Während sie nun hingingen, um Öl einzukaufen, kam der Bräutigam, und die Jungfrauen, welche in Bereitschaft waren, gingen mit ihm zum Hochzeitsmahl hinein, und die Tür wurde verschlossen. [11] Später kamen dann auch noch die übrigen Jungfrauen und riefen: «Herr, Herr, öffne uns doch!» [12] Er aber gab ihnen zur Antwort: «Wahrlich ich sage euch: Ich kenne euch nicht!» [13] Darum seid wachsam, denn Tag und Stunde sind euch unbekannt.

Alle zehn besaßen Lampen und bereiteten sich auf die bevorstehende Hochzeit vor. Wir wissen, dass alle zehn erlöst waren, weil sie alle «Jungfrauen» genannt werden. Insbesondere stehen sie für Menschen mit einem Dienst, weil sie alle Lampen besitzen. Sie lieben den Bräutigam, haben ihr Leben neu geordnet, um ihn zu finden und haben mitgeholfen, andere zu ihm zu bringen. Sie stehen für Mitarbeiter, die einst eine lebendige Beziehung zum Bräutigam besaßen. Ihre Herausforderung liegt darin, trotz der Hektik ihres Dienstes weiterhin Öl in der Lampe zu behalten. Einige hetzen eifrig umher, um eine Menschenmenge zu sammeln und vergessen dabei, dass sie nur durch eines am Leuchten bleiben: die innere Anwesenheit des Heiligen Geistes, der durch das Öl repräsentiert wird. Es geht um ihr verborgenes Leben in Gott.

Alle schlafen (Matthäus 25,5)

Diese zehn Mitarbeiter besaßen eine Verbindung zum Bräutigam. Sie hatten echt das Verlangen, Menschen zu Jesus zu bringen, aber mit der Zeit wurde es spät und alle schliefen ein. Man beachte, dass alle einschlafen, nicht nur die törichten. Diese Mitarbeiter predigten vom Bräutigam und erzählten von seinem Kommen. Aber dann gab es eine Verzögerung und währenddessen schliefen alle ein.

Der Schlaf ist hier nichts Negatives, sondern spricht von der Routine des Lebens. Selbst während wir auf das überraschende Kommen des Bräutigams warten, gehen wir unseren alltäglichen Verrichtungen nach. Ob wir weise oder töricht sind, hängt davon ab, was wir mit unseren Herzen während dieser Verzögerung tun (Verse 2-4). Alle zehn schliefen. Diese Erkenntnis traf mich hart, als ich jung war. Ich entdeckte schnell, dass sich auch in das Leben mit Gott Routine einschleichen kann. Manchmal verläuft es langweilig und banal. Das gehört zum Plan Gottes für die Menschen, die in einer gefallenen Welt leben. Anfangs brachte mich das wirklich aus der Fassung, aber mit der Zeit habe ich gelernt, mich vom Strom des Lebens mit ihm treiben zu lassen.

Alle schliefen, aber nicht alle waren gleichermaßen betroffen. In diesem Abschnitt definiert Jesus höchstpersönlich Weisheit und Torheit. Wenn Jesus uns sagt, wie er Weisheit und Torheit definiert, sollten wir lieber sehr gut aufpassen. Schließlich ist er der Richter, der unser Leben am Ende beurteilen wird. Daher ist das, was er in diesem Abschnitt sagt, nicht nur ein nützlicher Tipp, sondern vor allem eine kritische, erklärende Aussage darüber, worauf er aus ist und was wir deshalb anstreben sollten. Wie gesagt werden wir nur dann zufrieden sein, wenn wir ihn befriedigen, und hier sagt er uns, wie wir das können.

Mitternachtsschrei (Matthäus 25,6)

Um Mitternacht hört man einen Schrei: «Der Bräutigam ist da! Macht euch auf, ihn zu empfangen!» Ich glaube, letztendlich spricht das vom zweiten Kommen Jesu, aber es bezieht sich auch auf die Wellen der Erweckung, die zuvor kommen werden. Wenn sie diesen Schrei hören, rennen sie verwirrt im ganzen Lager hin und her, weil sie aus dem Tiefschlaf erwacht sind. Es ist der dunkelste Teil der Nacht, der entscheidende Moment. Das Problem lag nicht darin, dass sie schliefen; das Problem war, dass fünf von ihnen kein Öl hatten und es nicht bemerkten, ehe es zu spät war.

Diese fünf waren so mit ihren Lampen, ihrem eifrigen Networking, dem Aufbau ihrer Dienste und dem alltäglichen Trubel beschäftigt gewesen, dass sie die Beziehung mit dem Herrn vernachlässigt hatten. Sie waren wie die Gemeinde zu Ephesus geworden, die ihre erste Liebe verlassen hatte (Offenbarung 2,4). Ihr Einfluss wurde ihnen wichtiger als Jesus selbst und sie hatten kein Öl. Das Öl spricht von der Herzensverbindung mit Jesus durch den Heiligen Geist. Manche Leute nehmen an, sie könnten diese Verbindung nie verlieren, wenn sie sie erst einmal besitzen, und sie halten ihr Gebetsleben und ihre Fähigkeit, mit Jesus in Verbindung zu treten, für selbstverständlich.

Doch du kannst ihn aus den Augen verlieren und ehe du recht weißt, wie dir geschieht, redest du zwar *über* ihn, aber immer weniger mit ihm und obwohl du schwer *für* ihn arbeitest, verbringst du selten Zeit *mit* ihm. Jesus nennt das Torheit (Matthäus 25,3). Es ist töricht, weil wir von ihm dazu bestimmt sind, bei ihm zu sein. Wie unvernünftig ist es, nur über ihn zu reden, sich aber nicht die Zeit zu nehmen, ihm nahe zu sein? Wie können wir die Menschen überzeugen, wenn wir selber nicht in lebendiger Beziehung mit Jesus Christus stehen? Das Christentum ist kein «Klub der guten Werke». Es ist die Beziehung mit einer konkreten Person. Wenn wir die Menschen einladen, zu ihm zu kommen, fordern wir sie nicht auf, sich einem Verein anzuschließen und gute Taten zu vollbringen, sondern zu Jesus zu kommen, weil er sie so sehr liebt. Wir können andere nicht an einen Ort bringen, an den wir nicht selbst hingehen.

Als der Mitternachtsschrei erklang, erlebten die Törichten den Schock ihres Lebens. Äußerlich gesehen waren sie lebendig, aber innerlich waren sie tot (Offenbarung 3,1). Sie standen im Ruf, Gott zu kennen, aber sie besaßen keine gegenwärtige, lebendige Beziehung mit ihm. Ich glaube, dass sie gerettet waren, aber sie hatten kein Öl in ihren Lampen, die für ihren Dienst stehen.

In der Generation, in der der Herr zurückkommt, werden wir wohl viele Leute mit ehemaligen Diensten sehen, die dann ausgebrannt und nicht länger effektiv sind. Sie waren so mit ihrem Dienst beschäftigt, dass sie vergaßen, mit dem Weinstock verbunden zu bleiben, und deshalb ist ihr Öl alle. Dieses Szenario finde ich persönlich sehr beängstigend. Nicht nur geht es um den Dienst in der Öffentlichkeit, sondern auch um den Sinn des Lebens. Viele verlieren den Sinn ihres Lebens aus den Augen, nämlich mit Gott in Verbindung zu sein, und beschäftigen sich nur mit Alltäglichem.

Vielleicht liegt deine Aufgabe in deiner beruflichen Tätigkeit, bei deiner Familie oder in deiner Nachbarschaft. Um welchen Aufgabenkreis es sich auch handelt, wenn du mehr damit beschäftigt bist, das Werk Jesu zu tun, als mit ihm in Verbindung zu sein, bist du töricht. Ja, wir müssen die Werke vollbringen, aber sie müssen aus dem Überfluss der Begegnung unserer Herzen mit Jesus fließen. Er wird häufig unser Leben erschüttern, um unsere Aufmerksamkeit auf sich zu lenken und uns zu sich zurückzuziehen. Er möchte unsere Herzen besitzen und eine Beziehung mit uns haben.

Ein Traum über das Mitnehmen des Öls (Matthäus 25,4)

Die fünf weisen Jungfrauen hatten Öl bei sich, das heißt sie waren mit dem Weinstock auf authentische Weise in Verbindung geblieben. Sie hatten täglich Umgang mit Gott und nicht nur die Erinnerung daran. O, wie mich das manchmal schmerzt! Ich erinnere mich noch, wie ich nach ein paar Jahren im *International House of Prayer* die Anbetung leitete, das Gebetshaus half aufzubauen und verschiedentlich diente. Von Anfang an hatte ich vorgehabt, mich tief auf Gott einzulassen, ihm mein Leben zu weihen, zielbewusst in voller Hingabe zu leben, aber mein Herz wurde zunehmend abgestumpft und abgelenkt. Ich erinnere mich so lebhaft daran. Eines Abends war ich spät auf den Knien und fragte den Herrn, wo das Problem lag und warum ich seine Gegenwart nicht spüren konnte. Mein Dienst nahm zu, IHOP-KC wuchs ständig, aber ich kam mir weiter von Jesus entfernt vor, als ich es seit Jahren erlebt hatte.

Das alarmierte mich. Wenn ich die Bibel las, spürte ich seine Gegenwart nicht. Beim Singen fühlte ich mich oft leer. Beim Aufwachen dachte ich nicht an ihn und wenn ich ins Bett ging, redete ich nicht mit ihm. Ich lebte in einem Wirbelsturm von Aktivitäten, wurde zu einer Sklavin des Dringlichen und tat alles im Namen des Dienstes. Ich meinte, das Richtige zu tun, aber mein Herz wurde immer stumpfer und distanzierter.

Das ist ein beängstigender Zustand, weil ich viel anfälliger für Versuchungen und Sünden bin, wenn mein Herz stumpf ist. Bei einem abgestumpften Herzen bin ich in Gefahr. Wenn mein Herz nicht lebendig ist, neige ich zu Depressionen und Frustrationen, die zu weiteren Enttäuschungen und Burn-out führen.

Wenn du das Werk des Königs verrichtest, ohne mit dem König verbunden zu sein, führt das zum Burn-out. Es ist unvermeidlich. Jesu Eifersucht kommuniziert wie eine blinkende Leuchtreklame: «Komm zu mir! Komm zu mir!» Durch die geistige Stumpfheit zieht er uns auf dieselbe Weise zu sich, wie der körperliche Schmerz uns darauf aufmerksam macht, dass in unserem Körper etwas nicht stimmt. Wenn wir geistlich stumpf sind, soll uns das warnen, dass etwas nicht in Ordnung ist.

Ich glaube, dass der Herr uns gelegentlich Träume gibt, die uns durch ein Bild oder einen Eindruck Einsicht in unser Herz vermitteln. Daher bat ich den Herrn, mir einen Traum zu schenken und mir zu zeigen, in welcher Lage ich mich befand und wie ich dorthin geraten war. Dazu muss ich erklären, dass ich häufig um Träume betete und sie nicht erhielt, aber in dieser Nacht antwortete mir der Heilige Geist auf diese Weise. Ich träumte, dass ich mitten in einer besonders finsteren Nacht in meinem Auto saß. Die Nacht war undurchdringlich und ich befand mich auf einer Hochstraße, die mehr einer Achterbahn als einer Autobahn glich. Sie hatte viele Haarnadelkurven und plötzliche Gefälle. Ich fuhr so schnell, dass mir zunehmend die Kontrolle zu entgleiten drohte. Ich konnte nur die Straße direkt vor mir sehen. Panik stieg in mir hoch, während ich auf dieser Hochstraße dahinraste.

Plötzlich fing mein Auto an zu vibrieren und zu rumpeln. Ich dachte: «O nein, ich kann dieses Auto doch nicht zu Schrott fahren! Ich habe es noch nicht einmal abbezahlt.» Ich schaute auf mein Armaturenbrett und sah eine riesige, blinkende Öllampe. Immer wieder blinkte sie: «Öl nachfüllen! Öl nachfüllen!»

Sofort wachte ich auf und wusste genau, was Gott zu mir sagte. Er hatte meine Frage beantwortet, warum ich seine Gegenwart nicht spüren konnte. Er sagte mir, ich müsse mein Tempo verlangsamen und mir Öl besorgen, selbst wenn es so aussah, als würde sich mein Dienst nicht so schnell voranbewegen. Es war wichtiger für mich, dass ich die Verbindung mit ihm aufnahm, als einen schnell wachsenden Dienst zu haben.

Wir dürfen uns nie vom Leib Christi abtrennen oder zu dienen aufhören, aber wir müssen unsere Herzen ständig neu ausrichten, uns mehr Zeit nehmen und Jesus mit hineinnehmen in unseren Dienst.

In meiner Geschäftigkeit hatte ich meine Herzensverbindung mit dem Herrn vergessen und selbst bei der Leitung des Gebetshauses betete ich persönlich zu wenig. Dieser Traum traf mein Herz wie ein Pfeil, weil ich gehofft hatte, dass ich zu den «weisen» Jungfrauen gehörte. Jesus warnte mich, dass auch ich wie die törichten Jungfrauen vom Weg abgeirrt war, und ich musste mich dringend wieder mit ihm in Verbindung setzen. Ich hatte meine Herzensverbindung mit Jesus verloren und war auf dem Weg zu einer Kollision.

Ich glaube, wir haben diese prägenden Augenblicke mehrmals im Leben; mit Gott verbunden zu bleiben ist eine lebenslange Vision, die immer wieder erneuert werden muss.

Öl kaufen (Matthäus 25,9)

Jesus fährt mit dem Gleichnis fort. Um Mitternacht, wenn der Ruf ertönt: «Der Bräutigam ist da! Macht euch auf, ihn zu empfangen!», schauen die Törichten die Klugen an und sagen: «Gebt uns von eurem Öl», aber deren Antwort ist: «Nein ... geht lieber zu den Krämern und kauft euch welches!» Sie können ihr Öl nicht abtreten. Wir müssen gehen und uns selber Öl kaufen. Jesus sagte dasselbe, als er der Gemeinde in Laodizea riet, im Feuer geläutertes Gold zu kaufen (Offenbarung 3,18).

Wir «kaufen» Öl oder Gold, indem wir unsere Zeit und Energie investieren. Zeit ist Leben. Ich kann mich nicht im Gemeindegottesdienst in eine Gebetsreihe stellen und dann durch Handauflegung ein tiefes Leben in Gott empfangen. Ich kann es nicht ein für alle Mal empfangen und nie wieder verlieren. Bei einem tiefen Leben in Gott ist es wie bei jeder anderen Beziehung; sie muss kultiviert und aufrechterhalten werden. In deiner Beziehung mit Gott bewegst du dich immer entweder vorwärts oder rückwärts. Sie ist nie statisch. Wir machen uns nur selber etwas vor, wenn wir das denken. Wenn die Klugen zu den Törichten sagen: «Geht und kauft euch Öl» und Jesus sagt: «Geht und kauft euch geläutertes Gold», bedeutet *kaufen*: «Kultiviert (die Beziehung) und nehmt euch die Zeit.» Wir verdienen uns das Gold oder Öl nicht, aber wir müssen uns in die Lage versetzen, es zu erhalten. Wenn wir unseren Teil nicht tun, kann Jesus seinen nicht tun.

Wie gesagt braucht man Gott, um Gott zu lieben. Wir müssen ihm Raum und Zeit geben, um unser Herz zum Leben zu erwecken, damit wir unsere primäre Lebensbestimmung erfüllen können, die darin besteht, dass wir ihn lieben und von ihm geliebt werden. Wir müssen unsere kalten Herzen nehmen und sie vor die Flamme Gottes halten und nach und nach werden wir durch die Erneuerung unseres Sinnes verwandelt (Römer 12,2). Diese Transformation verändert alles für uns. Wir arbeiten dann in einem völlig anderen Geist – «ein Liebhaber wird immer härter arbeiten als ein Arbeiter». Wenn wir heute Jesus zuerst lieben und eine lebendige Beziehung mit ihm pflegen, brauchen wir uns keine Sorgen zu machen, dass wir faul werden und die Arbeit vernachlässigen. Je näher wir ihm sind, desto eifriger setzen wir uns für seine Absichten ein. Ohne die Hilfe des Heiligen Geistes können wir diese Lebendigkeit nicht aufrechterhalten.

Für Gott geplant

Wie nehmen wir unsere kalten Herzen und wie halten wir sie vor das Feuer? Wie treten wir in Verbindung mit der einzigen Person, die diese innere Leere erreicht und in uns Liebe hervorbringt? Manchmal nehmen wir an, dass Gott nur weit entfernt oben im Himmel ist, aber er lebt in uns. Jesus sagt, wenn wir sein Wort studieren, müssen wir «zu ihm» kommen. Es reicht nicht, ein Student der Bibel oder eine Person der Tat zu sein, die viele gute Werke vollbringt. Wenn wir nicht tief mit ihm verbunden sind, erfüllen wir immer noch nicht unseren Hauptlebenszweck. Wir wurden von Gott für Gott geschaffen. Unser ganzes Wesen wurde als Wohnort für ihn geschaffen. Es ist der ursprüngliche Plan des Schöpfers, dass wir bei ihm sind.

Ich finde es erstaunlich, wie unsere menschliche Gestalt geschaffen wurde. Im Zentrum jeder Person gibt es einen heiligen Raum, der für Gott selbst reserviert ist. Das innere Leben des Menschen ist ein sehr vernachlässigter Raum. Du bist von innen her definiert und das, was in dir geschieht, bestimmt, was du tust und wie du nach außen hin lebst. Alles beginnt im Zentrum.

Garden[1]

There's a place within,
where no man can go,
in the secret reservoir of the soul.
In Your jealousy, You've created me
as a garden enclosed
for You alone.
Here it's You and me alone, God.
You've hedged me in
with skin
all around me.
I'm a garden enclosed,
a locked garden.
Life takes place
behind the face,
where it's You and me alone.
I don't want to waste my life,
living on the outside.
I'm going to live from the inside out.
So, come into Your garden.

Garten

Es gibt einen Ort im Inneren,
wohin kein Mensch kann gehen,
im geheimen Reservoir der Seele.
In deiner Eifersucht hast du mich geschaffen,
als einen Garten, verschlossen
für dich allein.
Gott, hier gibt es nur dich und mich allein.
Umschlossen hast du mich
mit Haut

1 «Garden» von Misty Edwards. 2007 © Copyright Forerunner Music

ganz um mich herum.
Ein umzäunter Garten bin ich,
ein abgeschlossener Garten.
Das Leben spielt sich ab
hinter dem Angesicht,
wo du und ich allein sind.
Mein Leben möchte ich nicht verschwenden,
durch das äußerliche Leben.
Vom Inneren her werde ich leben.
Darum, komm in deinen Garten.[2]

Gott hat die Menschen mit Schichten erschaffen, von denen die tiefsten allein für ihn reserviert sind. Niemand sonst kann diese Tiefen erreichen. Wie schon erwähnt, gibt es in jedem Menschen eine Welt für sich. Jede Leserin und jeder Leser hat eine innere Welt, die niemand automatisch kennen kann. In euch gibt es Gefühle, Gedanken, Bilder und Gespräche. Das eigentliche Leben spielt sich «hinter dem Gesicht» ab. Wir leben überwiegend in unseren Gedanken, im Herzen und in der Seele, weswegen auch Jesus befahl – und es gleichzeitig voraussagte – dass wir ihn vor allem innerlich und vor der Sicht der Menschen verborgen lieben sollten. Wir haben die Kraft unserer Gedanken völlig unterschätzt und den heiligsten Raum in der Schöpfung – die innere Welt – aufs Gröbste vernachlässigt.

Denk doch mal drüber nach: Die meiste Zeit sitzt du entweder still mit deinen Gedanken herum, führst ständig innere Selbstgespräche oder du schläfst, wobei du tief in deiner Seele bist. Du kannst das Selbstgespräch nicht abstellen und die Bilder nicht abschalten, weil du fürs Gebet geschaffen worden bist. Das Gebet ist ein Dialog mit Gott und eine Meditation über ihn in Worten und Bildern. Jeder von uns ist für Gott gedacht und er hat unsere Herzen individuell gestaltet (Psalm 33,15). Nur du kannst ihm deine Liebe geben. Niemand sonst vermag es für dich.

2 Nach dem Lied: «Garden» von Misty Edwards.

Wir werden nie erfüllt oder zufrieden sein, bis wir Gott auf der Ebene des Herzens begegnen, weil Gott uns von seinem Plan her dazu geschaffen hat. Wenn ein Mensch nie Gott begegnet, ist das so, als ob ein Vogel nie flöge. Wir sind dazu geschaffen, auf den Höhen der Begegnungen mit ihm zu gleiten. Wir werden nie damit zufrieden sein, die Füße auf dem Boden zu haben. Wenn wir großartige Taten des Dienstes vollbringen, aber ihn nicht haben, bleiben wir leer.

Der Heilige Geist ist das göttliche Feuer, das Wesen Gottes, und wir müssen ihm ständig begegnen. «Darin besteht aber das ewige Leben, dass sie dich, den allein wahren Gott, und den du gesandt hast, Jesus Christus, erkennen» (Johannes 17,3). Das ist ein Wissen, das auf der Erfahrung beruht. Das ewige Leben bezieht sich hier nicht nur auf die Länge, sondern auch auf die Qualität. Erkennen spricht hier von der Erfahrung. Er schenkt uns eine Qualität des Lebens, die eine buchstäbliche Begegnung mit dem lebendigen Gott ist. Das ist weder eine Metapher noch bloß symbolisch. Mit Gott selber, der ein verzehrendes Feuer ist (Hebräer 12,29), müssen wir in Kontakt treten.

> O, lege mich an dein Herz wie ein Siegel ...! Denn stark wie der Tod ist die Liebe ... ihre Gluten sind Feuergluten, ihre Flammen wie Flammen Gottes.
>
> Hohelied 8,6

Jesus befiehlt uns, ihn uns wie ein Siegel ans Herz zu legen. Damit drängt er uns, ihn als den Gott der allverzehrenden Liebe zu erkennen. Wie legen wir Jesus an unser Herz? Indem wir ihn in einem Geist des Glaubens und des Gehorsams einfach darum bitten. Jesus als einen Siegelring an unser Herz zu legen heißt ihn zu bitten, unser Herz mit seiner feurigen Gegenwart zu berühren oder zu versiegeln. Die Definition der freiwilligen Liebe verlangt, dass wir ihn dazu einladen, sonst wäre es keine Liebe, denn er zwingt uns nicht in eine Beziehung der Liebe, sondern wartet, bis wir ihm unser Herz öffnen.

Ohne die größere Wirklichkeit des Hohelied 8,6 können wir nicht leben, weil das Leben ohne die größere Tiefe der Liebe Gottes zu einsam, leer und ziellos ist. Immer wieder müssen wir uns diese Vision vor Augen halten. Wenn Gott verspricht, seinen Namen auf uns zu schreiben, entspricht das im Prinzip dem Anbringen seines Siegels (Offenbarung 3,12; 22,4; Hebräer 10,16). Beim Hohelied 8,6 geht es um Gottes festen Entschluss, unsere Herzen auf übernatürliche Weise durch seine feurige Liebe zu versiegeln. Das bezieht sich auf die übernatürliche Salbung des Heiligen Geistes, Jesus so zu lieben, wie ihn der Vater liebt, und die Gemeinschaft mit dem brennenden Herzen der Dreieinigkeit zu pflegen. Dies ist unser größter Preis und unsere vorrangige Bestimmung.

Gott möchte die Salbung der Liebe als Siegel freisetzen. Dieses Siegel ist die Garantie, dass wir in Liebe hervorgebracht werden (Römer 5,5; Epheser 1,13). Sein Plan wird nicht scheitern und das erste Gebot wird sich durchsetzen. Gott wird ein Volk haben, das in Einheit mit ihm ist und er wird uns helfen, ihn so zu lieben, wie er uns liebt. Das prophezeite Jesus über uns; er befahl uns nicht nur, ihn zu lieben, sondern verkündete auch, dass wir Gott eines Tages bestimmt von ganzem Herzen lieben werden. Dabei wird er uns helfen. Bis das erste Gebot an erster Stelle in unserem Leben und Dienst steht (Matthäus 22,37), müssen wir dieser Salbung der Liebe bewusst nachjagen. Jesus wie ein Siegel an unser Herz zu legen heißt, dass wir ihn bitten, durch seinen Geist in uns zu wirken, bis die Einflüsse seiner Liebe unserem Denken, unseren Gefühlen und unserem Dienst immerzu und immer mehr vermittelt werden. Immer wieder legen wir ihn an unser Herz.

Wenn wir mit dem Heiligen Geist kommunizieren, begegnen wir Gott – und zwar buchstäblich und nicht nur metaphorisch oder in unserer Vorstellung. Es ist wirklich eine Begegnung mit

Gott. Ich rede hier nicht von ständigen Ekstasen oder ungewöhnlichen Begegnungen, die auf eine Weise «übernatürlich» sind, wie wir typischerweise das Übernatürliche definieren. Solche Begegnungen sind wohl gelegentlich berechtigt. Hier aber rede ich von einem steten Strom des Feuers, in dem Gott sich selber in unser Herz ergießt (Römer 5,5). Dieser ständige Fluss wird zu einer reißenden Flut, bis wir mit diesem heiligen, pulsierenden Herz des göttlichen Feuers eins sind.

Wir können gar nicht begreifen, worin diese «Gemeinschaft des brennenden Herzens» besteht, in die wir hineingenommen worden sind. Der Heilige Geist ist die Garantie, dass wir die ursprüngliche Absicht unseres Schöpfers verwirklichen, indem wir in der Taufe des Feuers mit ihm eins werden (Lukas 3,16). «Unser Gott ist ein verzehrendes Feuer» (Hebräer 12,29). Man beachte, dass es sich um ein tatkräftiges Wort handelt und ein andauerndes Verzehren bedeutet. Gott sieht nicht wie Feuer aus, er «legt» das Feuer nicht an und «gebraucht» auch das Feuer nicht. Er ist Feuer. Er ist Licht und jedes scheinende Licht ist ein brennendes Licht, und er ist Liebe (1. Johannes 4,16). Unser Gott ist Feuer, Licht und Liebe. Das macht sein Wesen aus. Wer kann denn bei den ewigen Gluten weilen (Jesaja 33,14)? Wer vermag das Feuer Gottes begrenzen?

Die Schrift sagt, dass Jesus sich danach sehnt, uns mit Feuer zu taufen (Lukas 3,16; 12,49). Im Obergemach erhielten sie einen ersten Eindruck von dieser Flamme (Apostelgeschichte 2,1-4). Gottes Wesen besteht aus übernatürlichem Feuer und jedes Herz ist ein Ofen. Sein Wort ist der Brennstoff und sein Geist die Flamme.

Der Heilige Geist

Der Heilige Geist ist das Feuer Gottes, das in uns lebt und ständig brennt. Jesus sagte sogar, dass es besser ist, dass er zurück in den Himmel kehrt, damit der Vater den Heiligen Geist senden kann. Es sei besser, weil er dann in uns und wir in ihm sein würden, so wie er im Vater und der Vater in ihm ist (Johannes 14,10-11; 16,7).

Was für ein Schock! Was mochten diese zwölf jüdischen Männer wohl über diese schockierenden Worte gedacht haben? Dreieinhalb Jahre lang lebte Jesus bei diesen zwölf und reiste mit ihnen umher. Dabei hatten sie tiefe Freundschaften untereinander entwickelt. Sie wussten, dass Jesus ihr sehnsüchtig erwarteter Messias war und glaubten, dass er jeden Augenblick die römische Regierung stürzen und die Macht in Jerusalem ergreifen würde. Schon konnten sie die Entwicklung einer gewissen Eigendynamik erkennen, als die Menschen ihm in Massen zu folgen begannen. Sie sahen seine Wunder, hörten seine Worte und erlebten seinen Wortwechsel mit den Führern Israels. Für sie lief alles darauf hinaus, was sie für die Erfüllung der Schrift hielten: der Sohn Davids würde den Thron in Jerusalem übernehmen und die Welt von dieser heiligen Stadt aus beherrschen. Ihr Streit darüber, wer der Größte war und wer zu seiner Rechten sitzen würde, zeigt, dass die Jünger angefangen hatten, Pläne für die Zukunft zu machen, völlig im Dunkeln über die große Verzögerung, die ihnen bevorstand. Sie verstanden nicht, dass Jesus gekommen war, um zu sterben.

Vor ihrer Ankunft in Jerusalem hatte Jesus ihnen vorhergesagt, dass er in der Stadt getötet werden würde (Matthäus 17,23; Markus 9,31). Er würde erfüllen, was er sich vorgenommen hatte: zu sterben. Man stelle sich das Drama dieses Augenblicks vor. Der Mann, den sie als den Gesalbten kannten, der Erlöser Zions, ihr persönlicher Freund, sagte ihnen, dass er bald sterben würde. Sie hatten gehofft, dass er ihr zukünftiger König sein würde, und sie liebten ihn als ihren engsten Freund. Tag für Tag hatten diese Männer mit ihm gelebt. Sie hatten sich an seine Worte, sein Lächeln und das Licht in seinen Augen gewöhnt. Sie liebten diesen Mann. Er schaute sie an und sagte:

> 6 ... weil ich dies zu euch gesagt habe, hat die Traurigkeit euer Herz erfüllt. 7 Aber ich sage euch die Wahrheit: Es ist gut für euch, dass ich weggehe. Denn wenn ich nicht weggehe, so wird der Helfer nicht zu euch kommen; wenn ich aber hingegangen bin, werde ich ihn zu euch senden.
>
> Johannes 16,6-7

Weiterhin sagte er:

> 16 ... ich werde den Vater bitten, und er wird euch einen anderen Helfer geben, damit er bis in Ewigkeit bei euch sei: 17 den Geist der Wahrheit, ... [der] bei euch bleibt und in euch sein wird. – 18 Ich will euch nicht verwaist zurücklassen: Ich komme zu euch!
>
> Johannes 14,16-18

Stell dir vor, dein bester Freund schaut dich an und sagt zu dir: «Ich werde jetzt sterben, aber das ist gut so. Mach dir keine Sorgen, denn wenn ich sterbe, wird mein Geist in dir sein und wir werden uns in Wirklichkeit näher sein als jetzt, wo ich vor dir sitze und zu dir rede, weil ich in dir sein werde und du in mir. Wir werden eins sein.» Diese jungen Männer müssen von seinen Worten gründlich verwirrt gewesen sein.

O! Mit diesem heiligen Text gehe ich mit Ehrfurcht um. Ich weiß, ich berühre nur einen winzigen Teil von dem, was Jesus sagte. Gott lebt in den Menschen! Wer sind wir denn? Welch ein Schatz ist das, den du und ich in unseren irdenen Gefäßen besitzen (2. Korinther 4,7)? Christus in uns ist die Hoffnung auf die Herrlichkeit. Es ist seine Gegenwart in mir, die mich in sein Ebenbild verwandelt, dieses Ebenbild der Liebe und daher mein eigentlicher Zweck und meine Bestimmung.

Ich kann mich selbst nicht verwandeln. Dazu brauche ich die Hilfe Gottes und seine Anwesenheit in mir. Der Töpfer formt mich in das, was er sich wünscht, nämlich Liebe. Das ganze Leben ist eine Reise der Transformation von einem kalten Herzen zu einem lodernden Feuer der Liebe zu ihm. Weil wir nicht viel auf einmal aufnehmen können, gibt er uns jeweils nur ein wenig. Aber der Heilige Geist ist unsere Garantie, dass das Werk vollendet wird und wir in Liebe hervorgebracht werden: «Ihr seid ... mit dem verheißenen Heiligen Geist versiegelt worden» (Epheser 1,13).

Verbleibe im Weinstock

Den Wert der Gabe des innewohnenden Geistes kann man nicht übertreiben. Der Heilige Geist ist die am meisten verkannte Person. Wir haben uns daran gewöhnt, über ihn zu sprechen, aber nur wenige Menschen leben und verweilen tatsächlich in ihm. Sei dir über eins im Klaren: Der Heilige Geist ist eine wirkliche Person und wenn du durch die Tür von Jesus gekommen bist und sein Opfer angenommen hast, bist du wiedergeboren oder aus dem Geist geboren worden. In diesem Augenblick hast du den Heiligen Geist empfangen und jetzt lebt er in dir, und zwar wirklich, nicht nur symbolisch. Gott lebt in dir. Er ist Geist und lebt in deinem Geist. Früher war dein Geist sozusagen leer und öde, aber als du Jesus angenommen hast, kam der Heilige Geist und gab deinem Geist Licht. Das ist ein buchstäbliches, kreatives Werk. Als der Geist kam, um in dir zu leben, geschah etwas Übernatürliches. Der Heilige Geist ist eine wirkliche Person und du erhältst Kraft zum Leben, wenn du mit ihm redest. Gottes gesamte Ressourcen leben in dir. Wir können gar nicht begreifen, was geschah, als Jesus sagte, dass er den Geist senden würde, um in uns zu sein, und dass wir in ihm sein würden. Ich erinnere mich an einen Tag, an dem wir eine *«Worship With the Word»*-Session («Anbetung mit dem Wort») hier im IHOP-KC veranstalteten. Das ist eine Zeit, in der wir einen Abschnitt der Schrift nehmen und ihn durchsingen, indem wir ihn spontan im Gebet und Gesang entwickeln. Es ist, als ob man eine singende Bibelstudie macht. Wir sangen um Johannes 15,4-5 herum: «Bleibt in mir, so bleibe ich in euch. Wie die Rebe nicht von sich selbst aus Frucht bringen kann, wenn sie nicht am Weinstock bleibt, so könnt auch ihr es nicht, wenn ihr nicht in mir bleibt. Ich bin der Weinstock, ihr seid die Reben: Wer in mir bleibt und in wem ich bleibe, der bringt reichlich Frucht; dagegen ohne mich könnt ihr nichts vollbringen.» Mike Bickle hatte an jenem Tag die Gebetsleitung. Ehe wir auf die Bühne gingen, sagte er uns, wie wir den Text interpretieren sollten, damit wir ihn besser verstehen konnten: «Jedes Mal, wenn das Wort *bleiben* vorkommt, ersetzt es durch ‹mit ihm reden› und die Stelle wird lebendiger werden.»

Man verbleibt nicht nur dadurch im Weinstock, dass man mit ihm redet, aber es macht einen großen Teil aus. Es ist ganz einfach: «Rede mit mir und ich werde mit dir reden.» Du kannst nicht im Geist bleiben, wenn du nicht mit ihm redest und ihm zuhörst. Die Kraft des Christentums liegt im Gespräch mit dem Heiligen Geist als einer tatsächlichen Person. Wir müssen uns von allem befreien, was diesen Dialog behindert. Wir sagen hier nicht nur auswendig gelernte Liturgie auf, sondern reden mit einer wirklichen Person. Er weiß alles. Selbst über die praktischsten, grundlegenden Dinge will er zu uns reden: wie wir leben sollen, unser Geld und selbst unsere Beziehungen. Er ist buchstäblich unser Freund. Dieser ständige Dialog ist der Schlüssel dazu, ein Leben des Gebets und daher ein Leben der Verbindung mit Gott aufrechtzuerhalten, worin unsere letztendliche Bestimmung liegt. Alles andere findet sich, wenn wir dieses eine im Mittelpunkt behalten.

Wir sollen Männer und Frauen des Geistes sein und wenn wir mit ihm verbunden sind, haben wir Gemeinschaft mit der Kraft, die sowohl uns persönlich als auch die Gesellschaft um uns herum verwandelt. Ich hörte einmal einen Prediger sagen: «Der Streitwagen, in dem der Heilige Geist am besten fährt, ist das Wort Gottes.» Wir dürfen niemals die Grenzen der

Schrift überschreiten, aber wir reden mit dem Heiligen Geist und hören, was er sagt. Er wird uns Ideen, Eindrücke, Bilder und Worte geben. Gewöhnlich spricht er nicht laut. Sei einfach bei ihm.

Rede mit Gott

Das Gebet ist die hauptsächliche Weise, wie wir mit Gott reden und er mit uns. Es gibt mehrere Arten des Gebets. Für mich sind das vor allem die Fürbitte und das Andachtsgebet. Man kann viel über die Fürbitte sagen, aber hier geht es mir um das Feuer der Liebe und daher um den Andachtsaspekt unseres Gebetslebens. Wenn du von diesem Buch nur eins mitbekommst, dann hoffentlich den entscheidenden Punkt (ich kann dir zuversichtlich versichern, wenn du diese eine Sache verwirklichst, folgt alles andere): Wenn du mit Jesus in Verbindung bleibst, wirst du deinen höchsten Lebenszweck erfüllen und deinen untergeordneten Lebenszweck und deine Berufung entdecken. Du wirst weder seinen Willen noch dein Glück verpassen, wenn du dieses eine tust und in Gehorsam auslebst. Ihm wirst du gefallen.

Ich glaube, dass im Gespräch mit Gott die Kraft für das Leben liegt. Das geht auf seine ursprüngliche Absicht für die Menschen im Garten Eden zurück; dort sieht man, wie sie mit ihm wandeln und offen und ohne Scham mit ihm reden (1. Mose 3,8). Vor dem Sündenfall gab es zwischen Gott und Mensch keinerlei Hindernisse – keine Scham, keine Sünde, keinen Zweifel. Sie hatten die vollkommene Gemeinschaft und einen offenen Austausch von Herz zu Herz. Seit dem Kreuz hat Jesus uns für diese ursprüngliche Absicht wiederhergestellt. Eines Tages wird er die ganze Erde wiederherstellen, aber gegenwärtig fängt er in den Herzen der Menschen an.

Wie beginnen wir also dieses Gespräch mit ihm?

1. Glaube

Als Erstes komm zu ihm und glaube, dass er da ist. Dein Glaube an seine Nähe ist entscheidend. Jesus sagte, dass wir «zu ihm» kommen müssen, wenn wir die Schrift durchforschen. Es reicht nicht, die Bibel studieren zu können oder ein aktiver Mensch zu sein, der viele gute Taten vollbringt. Wenn wir nicht tief mit ihm verbunden sind, erfüllen wir unseren vorrangigen Lebenszweck einfach nicht.

> Ohne Glauben aber kann man Gott unmöglich wohlgefallen; denn wer sich Gott nahen will, muss glauben, dass es einen Gott gibt und dass er denen, die ihn suchen, ihren Lohn zukommen lässt.
>
> Hebräer 11,6

Wir wenden uns nach innen und glauben, dass er dort ist. So einfach das klingt, es ist viel schwieriger, als es auf den ersten Blick erscheint. Was mich am meisten ablenkt und quält ist der Unglaube, weil Gott so unsichtbar ist. Man kann ihm nicht gefallen, wenn man nicht glaubt, dass er anwesend ist und man muss glauben, dass er diejenigen belohnt, die ihn ernsthaft suchen. Vielleicht strömt dir der Glaube nicht sofort zu und das Herz flattert dir nicht vor Aufregung, aber du musst zuversichtlich sein, dass er dich belohnen wird, wenn du dranbleibst, und zwar jetzt schon und nicht erst im nächsten Zeitalter. Mit der Zeit wirst du spüren, wie dein Herz lebendig und dein Verständnis allmählich erhellt werden.

2. Bewältige die Ablenkungen

Gerate nicht in Panik, wenn du zu ihm kommst und Unglauben oder Ablenkungen deine Gedanken bombardieren. Vergiss nicht, der Feind ist ein Lügner und seine Haupttaktik besteht darin, dir etwas vorzugaukeln – er arbeitet mit billigen Tricks.

Er versucht dich abzulenken. Eine seiner Methoden ist dir einzureden, dass Gott nicht anwesend ist oder dir nicht zuhört. Lass dich nicht beirren, wenn das geschieht.

Früher brachten mich Ablenkungen sehr aus dem Gleichgewicht. Ich flippte jedes Mal aus, bis ich weinend und ganz frustriert aus meinem Gebetszimmer stürmte; mir zerbrach das Herz, weil ich Gott weder sehen noch greifbar spüren konnte. Ich hielt das, was er von mir verlangte, für unmöglich, weil meine Gedanken zu sehr um andere Dinge kreisten. Ich war meiner Fantasie und meinen Gedanken gnadenlos ausgeliefert. Oft kam ich mir nach meinen Gebetszeiten völlig zerschlagen vor. Aber mit der Zeit lernte ich, ruhig zu bleiben, dem Unglauben oder den Ablenkungen keine Aufmerksamkeit zu schenken und stattdessen meine Gedanken zu zügeln und sie ans Wasser des Glaubens zu bringen, indem ich aus dem Wort und dem Geist trank und gewaschen wurde. Allmählich wurde ich verwandelt und mein Sinn erneuert, aber es brauchte seine Zeit.

Ablenkungen sind Teil der gefallenen, menschlichen Natur. Dein Verstand ist wie eine Kamera, die tagtäglich alles aufnimmt und es dir dann in verschiedener chronologischer Abfolge und zufälligen Anordnungen von Bildern, Worten, Geräuschen und Gefühlen wiedergibt. Wenn wir zu Menschen werden sollen, die tief in Gott sind, müssen wir lernen, unsere Gedanken zu beherrschen, anstatt ihnen zu erlauben, uns zu beherrschen. Du bist deinen Emotionen oder deiner Fantasie nicht hilflos ausgeliefert. Wenn du zu Gott kommst, bringe deine Aufmerksamkeit ständig und in aller Ruhe immer wieder zu ihm zurück.

Er ist sowohl äußerlich als auch innerlich anwesend. Oft schließe ich die Augen und stelle mir den Heiligen Geist als ein Feuer in meinem geistlichen Menschen vor. Ich denke dabei an den brennenden Dornbusch und spreche direkt zu ihm. Bei anderer Gelegenheit male ich mir in Gedanken die Thronszene in Offenbarung 4 aus und stelle mir den Vater, der wie ein

Jaspis scheint, auf dem Thron vor. Um ihn herum sehe ich die Engel und die Ältesten. Jesus sitzt zu seiner Rechten und tritt für mich ein. Ich nehme meinen Platz neben oder vor ihm ein und schließe mich der heiligen Unterhaltung an.

Du kannst die Bilder in deinem Kopf nicht abstellen. Das ist unmöglich und deshalb solltest du sie lenken, anstatt zu versuchen, sie zu besiegen. Du kannst weder die Bilder abschalten noch das innere Gespräch verstummen lassen. Sie sind dir als Hilfsmittel fürs Gebet gegeben worden. Lerne sie im Rahmen der Schrift dafür einzusetzen.

Manche Religionen lehren dich, zum Nichts zu gehen und auf die Stille abzuzielen, aber darin liegt Leere und vergeudeter Raum. Du kannst dich nicht entleeren und nur auf das «Sein» konzentrieren. Du brauchst etwas zum Anschauen und jemanden zum Ansprechen. Viele Leute suchen heutzutage nach einer Spiritualität ohne Jesus. Meditationstechniken, die ihr inneres Leben beruhigen, faszinieren sie; aber glaube mir, sie führen zur Dunkelheit. Bestenfalls erlebt man eine Leere, die sich nicht durchhalten lässt.

Jesus ist die einzige Tür zum Vater, der Geist ist (Johannes 10,7-9). Falls du zum Vater kommen möchtest, indem du ihn das «höchste Wesen», «Licht», «Liebe» oder was auch immer nennst oder versuchst, durch Meditation zu ihm zu gelangen, dich aber weigerst, durch die Tür von Jesus zu kommen, bist du ein Dieb und Räuber. Meditation ohne Jesus ist eine Lüge und führt in die Dunkelheit. Zu ihm musst du kommen, um mit ihm in Verbindung zu treten. Du wendest dich nicht nur nach innen zu dir selbst, sondern du wendest dich gleichzeitig nach innen zum Heiligen Geist, der dein Begleiter in die Tiefen des Herzens Jesu ist (1. Korinther 2,10-12).

Es gibt nur eine Tür und wenn wir von tiefem Gebet sprechen, musst du an der Tür von Jesus beginnen. Du bist dabei, in sein Ebenbild verwandelt zu werden, nicht in eine flüchtige Liebe, die keinen Namen hat. Du wirst zu dem, was du schaust (2. Korinther 3,18). Das ist der Zweck und das Ziel deines Lebens und es beginnt mit dem Gebet.

Um ihn zu schauen, musst du glauben, dass er anwesend ist. Dann ist es wichtig, dass du ständig dabeibleibst; richte deine Aufmerksamkeit immer und immer wieder auf ihn und tausche dich mit ihm aus. Du schaust ja nicht bloß auf ein Gemälde oder ein lebloses Bild. Denk dran, Jesus sieht dich! Er erforscht dein Herz (Offenbarung 2,23). Er schaut dich wirklich an, wenn du zu ihm kommst. Pass auf, dass du nicht zu einem Kunstkenner wirst, der lediglich seine Meinung über ein Gemälde abgibt, das vor langer Zeit gemalt wurde. Versetze dich vielmehr in die Szene und kommuniziere mit ihm durch seinen Geist und die Schrift.

3. Komm zur Schrift

Wenn ich zu ihm komme, stelle ich mir das innere Feuer oder den Thron vor. Dann fange ich an, über die Schrift nachzudenken und das Gespräch beginnt. Obwohl wir viel Zeit mit dem Studium der Schrift verbringen, wissen wir, dass wir kaum die Oberfläche dieses heiligen Buches angekratzt haben. Und wir sind jenem heiligen Herz nicht mehr als flüchtig begegnet. Der Geist in uns ist eifrig darauf bedacht, uns auf diese Schatzsuche mitzunehmen, uns Vertrauliches zu verraten und übernatürliche Liebe in unseren Körper zu gießen.

Es ist ein echter Austausch und nicht etwas, was in unserer Fantasie stattfindet. Wir verwenden dazu unsere inneren Augen, aber der geistige Austausch ist echt. Das Feuer ist echt und wir sollen es erleben. Es gibt kein größeres Gefühl, als wenn die Liebe Gottes unser Herz berührt. Eins der größten Geschenke, die wir erhalten haben, ist die Bibel. So oft beschuldigen wir Gott, stumm, distanziert und schwer verständlich zu sein; dabei hat er sich offen dargelegt und uns sein heiliges Herz durch die «Niederschrift seiner Seele» geöffnet.

Ich kenne viele Leute, die sich zum Beten gemeldet haben. Wenn der Konferenzsprecher sie in der Versammlung aufruft, tief in Gott zu gehen und die Welt durch das Gebet zu verändern, kreischen und klatschen sie, aber wenn die Zeit zum Beten tatsächlich kommt, tun sie es nur selten. Das liegt auch daran, dass sie nicht wissen, was sie sagen sollen, wenn sie sich vor Gott befinden.

Meine Gebetszeit spielte sich früher so ab: «Ich liebe dich, du liebst mich. Okay ... und was nun? Hilf mir! Danke ...» Ich hatte keine Ahnung, wie ich eine Stunde lang beten sollte, geschweige denn die Zeit sinnvoll und erfreulich ausfüllen konnte. Als ich etwa zwanzig Jahre alt war, lernte ich, wie man die Bibel beten kann, was mein Leben revolutionierte. Das ist nicht übertrieben.

Die Schrift ist lebendig wie ein pochendes Herz – Gottes Herz. Ich stelle mir oft vor, wie ich zu Jesus komme. Seine Lippen bewegen sich, aber ich verstehe kein Wort, bis ich den Lautstärkeregler aufdrehe. Dieser Lautstärkeregler ist die Bibel. Sie ist die Sprache seines Herzens und, wie du entdecken wirst, auch die Sprache deines Herzens. Das Beten der Bibel ist das Mächtigste, was du für deinen Sinn tun kannst. Weil die Bibel lebendig und wirksam ist, wird es dich verändern und verwandeln. Das Beten der Bibel ist voller Kraft und wird dich erneuern und reinigen.

Wenn du zur Schrift kommst, um sie zu beten und mit Gott darüber zu sprechen, näherst du dich ihr anders, als wenn du sie studierst oder einfach versuchst, den Überblick über ein Buch zu erlangen. Es ist unmöglich, gleichzeitig schnell zu lesen und zu meditieren. Das Ziel ist nicht zu sehen, wie viel du lesen kannst, sondern wie tief du eindringen kannst. Wenn du mit dem Gebet des Wortes gerade erst anfängst, fange mit den Evangelien oder den Psalmen an. Diese Bücher lassen sich am einfachsten beten und bieten viele Ansätze zum wunderbaren Dialog mit Jesus.

Eine andere gute Idee ist es, die Gebete der Apostel zu beten, da sie schon als Gebete im Neuen Testament festgehalten worden sind. Sie sprechen Gott direkt an und geben dir Anregungen, was du sagen kannst, wenn du mit ihm redest.

- Ein Gebet für die Offenbarung der Schönheit Jesu, damit wir in unserer Berufung und Bestimmung durch die Kraft Gottes wandeln mögen (Epheser 1,17-19).

- Ein Gebet, die Kraft des Heiligen Geistes zu empfangen, damit Jesu Gegenwart in uns manifest wird, um Gottes Liebe zu erleben (Epheser 3,16-19).

- Gebet, dass Gottes Liebe in uns durch die Erkenntnis Gottes immer mehr zunehme und zu Gerechtigkeit in unserem Leben führe (Philipper 1,9-11).

- Ein Gebet für die Einheit in der Gemeinde; sie sollen von übernatürlicher Freude, Frieden und Hoffnung erfüllt werden (Römer 15,5-6.13).

- Gebet um reiche Ausstattung durch alle Gaben des Geistes, einschließlich mächtiger Predigten und prophetischer Offenbarung (1. Korinther 5–8).

- Gebet um die Freisetzung der Gnade, die Gemeinde zur Reife zu bringen, insbesondere dass sie vor Liebe und Heiligkeit überströmt (1. Thessalonicher 3,10-13).

- Das Gebet, würdig (das heißt zubereitet oder geistlich gereift) gemacht zu werden, in der Fülle unserer Bestimmung in Gott zu wandeln (2. Thessalonicher 1,11-12)[3].

Stelle dich darauf ein, bei einem Schriftabschnitt jeweils eine Zeit lang zu verweilen. Führe immer einen Notizblock oder einen Laptop bei dir, damit du dir schnell Notizen machen kannst. Allerdings würde ich dir zu einem Notizblock anstatt

3 Mike Bickle, Auszug aus dem «*Harp and Bowl Handbook*», Teil 1. Siehe www.inspired-media.com/was-soll-das-ganze/ unter «Downloads» .

einem Computer raten, wenn du so wie ich zu zwangsweisem Suchtverhalten neigst. Ehrlich gesagt vergeude ich mehr Gebetszeit, weil ich impulsiv immer wieder bei meinen E-Mails und sozialen Medien nachschaue und im Namen von «Bibelstudien» ständig spontan Internetsuche betreibe. Meine Gebetszeit wird so zur «privaten Zeit» anstatt zur Gebetszeit und am Ende bin ich von Gott getrennt. Sollte es dir also so wie mir ergehen, gib es ehrlich zu und bleibe beim altmodischen Stift und Papier. Du kannst deine Notizen ja später immer noch auf den Computer übertragen.

Nehmen wir Psalm 23 als Beispiel. Schließe die Augen und stelle dir entweder den Herrn auf dem Thron oder den Heiligen Geist in dir vor. Manchmal stelle ich mir einfach vor, wie Jesus vor mir sitzt. Lies den ersten Vers: «Der Herr ist mein Hirte: mir mangelt nichts.» Unterbreche und richte die Worte an ihn: «Du bist mein Hirte.» Halte an und frage: «Was bedeutet es, dass du mein Hirte bist?» Der Heilige Geist ist dein Lehrer und Seelsorger, der dich gern unterrichtet. Dann mache Pause und denke über diesen Satz nach, indem du an jedes Wort im Satz denkst.

Dabei beginne ich, ihn in meinen eigenen Worten zu formulieren, wobei ich immer noch Jesus direkt anspreche: «Danke, dass du mich bewahrst. Du kümmerst dich um mich und leitest mich. Du bist mein und ich bin dein. Du hütest mein Herz.» Ich baue aus, was das bedeutet und bete leise und andächtig zu ihm. Manchmal spreche ich noch nicht einmal laut. Ich danke ihm dafür, dass er so an meinem Leben beteiligt ist und danke ihm für die Wahrheit, die in dieser Passage hervorleuchtet. Dann schreibe ich die Sätze auf, die ich bete, und spüre sie auf meinem Herzen. Dann schaue ich ihn direkt an und sage sie ihm. Während ich mit ihm über ihn rede, beginne ich dabei seine Gegenwart zu spüren.

Bei einem Gebot in der Schrift rede mit Jesus darüber und beschließe fest in deinem Herzen, ihm zu gehorchen. Bei einer

Ermahnung nimm dir vor, sie zu glauben und rede mit ihm darüber. Stelle Fragen, wenn dich etwas daran verwirrt.

Eine andere Weise, über die Schrift nachzusinnen, ist, sich in die Szene zu versetzen. Nimm zum Beispiel die Stelle, wo Jesus die Füße der Jünger wäscht. Male dir das Bild aus und stelle dir vor, du seist Petrus. Hier sitzt du am Tisch und beobachtest zu deinem großen Erstaunen, wie Jesus aufsteht und sich zum Dienen vorbereitet. Er füllt das Becken mit Wasser, nimmt ein Handtuch, kniet vor dem ersten Jünger nieder und fängt an, dessen Füße zu waschen! Du bist entsetzt! Du kannst es nicht fassen, dass der Gott aller Schöpfung sich hinkniet und dient. Als Nächstes kommt er zu dir und kniet als Diener vor dir. Dein Herz erschrickt, weil es so verkehrt scheint und du weigerst dich, dich von ihm bedienen zu lassen. Argumente fliegen hin und her und schlussendlich zerbricht seine Beharrlichkeit deinen Stolz, indem er aufzeigt, dass du keine Gemeinschaft mit ihm hast, wenn du ihm nicht erlaubst, dir zu dienen. Daraufhin weinst du, weil du dir etwas verdienen wolltest. Du hattest gedacht, du müsstest unbefleckt zu ihm kommen. Aber hier begegnet er dir an einem der dunkelsten Orte und verlangt nichts weiter als ihm zu erlauben, dich dort zu lieben. Und so geht die Geschichte weiter. Wenn du dich in die Szene versetzt, berührt das dein Herz sehr.

Lass deine Fantasie nicht mit dir durchgehen und vertraue ihr nicht mehr als dem geschriebenen Wort; verwende sie vielmehr, um mit der Schrift in einen Dialog zu treten. Als Architekt deines Sinnes hat Gott dir die Vorstellungskraft nicht ohne Grund gegeben. Solange du innerhalb der von der Schrift abgesteckten Grenzen bleibst, wirst du Gott hier im geheiligten Raum deines Sinnes und deines Geistes begegnen.

Wenn ich mich in den Text versenke, führt mich das zu bewegenden Zeiten mit dem Herrn. Ich sah mich als Petrus, wie er sich weigerte, Jesus seine Füße waschen zu lassen. Wie Maria verschwendete ich meine Erbschaft für ihn. Ich stelle mir vor, ich sei der Dieb am Kreuz, der die ewige Hölle verdient und durch das Blut, das von Jesu Wimpern tropfte, in seine Augen der Barmherzigkeit schaut. In Gedanken war ich anwesend, als das Grab leer war.

Wenn du dir vorstellst, wie du dem Wort in Person, Jesus, begegnest, wird das Wort Gottes lebendig. Jesus ist das Wort und diese Geschichten über ihn sind Offenbarungen über sein Herz. Sie sind uns gegeben, damit wir wissen, wie er ist. Weil er sich nie verändert, wissen wir, dass er mit uns genauso wie mit Petrus umgeht. Das ist der Grund, warum wir diese Geschichten haben.

O, sie sind so gehaltvoll, und die Bibel bietet reichen Gesprächsstoff mit unserem geliebten Jesus. Obwohl wir nicht wirklich mit ihm zu Tisch sitzen, sind wir im Geiste bei ihm und die Wahrheit dieser Geschichten ist real. Das Gebet ist hier und jetzt eine echte Begegnung mit Jesus. Er beobachtet uns und ist im Geist bei uns. Der Austausch ist echt und nicht nur in unserer Fantasie, obwohl die eigentliche Geschichte sich in unserer Vorstellung abspielt. Jesus ist stärker an uns interessiert, als wir ahnen.

Denk dran, wenn du ihm gefallen möchtest, musst du darauf vertrauen, dass er anwesend ist, dir aufmerksam zuhört und zu dir redet. Schreibe auf, was du denkst und welche Eindrücke du aus deiner tief gehenden Betrachtung oder Meditation gewonnen hast. Du wirst überrascht sein, wie schnell eine Stunde vergeht und falls du nicht aufgibst, wirst du bald mehr Zeit mit ihm verbringen wollen.

Eins meiner Ziele ist es, meditierend zu Bett zu gehen und im Wort aufzuwachen. Wie macht man das? Nimm vor dem Schlafengehen einen Vers und wiederhole ihn in Gedanken langsam immer wieder. Betone dabei jedes Mal ein anderes Wort. Bei Psalm 17,7 sieht das so aus: «Erweise deine wunderbare Gnade ... bei deiner Rechten» (Schlachter). Sage es in Gedanken langsam zu Jesus. Beim ersten Mal betone das Wort «erweise» und denke darüber nach, was es bedeutet, wenn Gott dir etwas erweist. Dann wiederhole den Text und betone diesmal das Wort «deine». Nimm dir jedes Wort vor, bis du einschläfst. Du lernst dabei die Schrift auswendig und es wird deine Träume beeinflussen.

Wenn es dir wie mir ergeht, schläfst du allzu oft vor dem Computer oder dem Fernseher bei irgendwelcher seichten Show im Namen der Entspannung ein. Das ist solch eine Zeitverschwendung und hindert den Dialog zwischen dir und Jesus. Wir können uns nicht eine Stunde am Tag nehmen, um zu versuchen, ein Feuer zu entfachen, wenn wir den Rest unserer Tage und Nächte damit zubringen, Wasser aufs Holz zu gießen.

Warte darauf, ins Herz Jesu begleitet zu werden

Wenn du dich mit Jesus durch sein Wort beschäftigst, gib dem Heiligen Geist Zeit. Warte auf ihn. Bitte ihn, seine Gegenwart zu verstärken. Würdige seine Anwesenheit. Bitte ihn, dich ins Herz Jesu zu führen. Harre auf den Herrn und deine Kraft wird erneuert werden. Konzentriere dich auf den Geist und habe Gemeinschaft mit ihm. Er ist wirklich anwesend.

Mal wirst du ihn mehr, mal weniger stark erleben. Wie stark wir ihn erleben, liegt nicht an uns, selbst wenn wir unseren Teil beigetragen haben. Egal ob das Gebet ziemlich langweilig ist oder ob wir viel verspüren, wir nehmen dankbar an, was er uns gibt und preisen ihn dafür.

Wenn du mehr über diese Art des Gebets lernen möchtest, empfehle ich folgende Ressourcen sehr:

- *«Fellowshipping With the Holy Spirit»*, von Mike Bickle (Lehrreihe), www.mikebickle.org
- *«The Power of a Focused Life»*, von Mike Bickle (Lehrreihe), www.mikebickle.org
- Nachfolge feiern: Geistliche Übungen neu entdeckt, von Richard J. Foster

- Das Geheimnis geistlichen Wachstums, von Dallas Willard
- Das innere Gebet: Seine Natur sowie eine kurze Anleitung dazu, von Jeanne Guyon
- Das betrachtende Gebet, von Hans Urs von Balthasar
- Fire Within, von Thomas Dubay
- Feuer, das von innen brennt (engl. *The Way of the Heart*), von Henri Nouwen

Wohin führt das?

Wohin führt uns diese heilige Liebe? Zu nichts Geringerem als ins brennende Herz Gottes. Unser Gott ist ein verzehrendes Feuer (Hebräer 12,29). Sein Name ist «Eiferer» (2. Mose 34,14) und er ändert sich nie. Er ist nicht eifersüchtig, weil er unsicher ist, sondern weil er feurige Liebe ist und uns verzehren möchte. Er ist exklusiv und gibt uns alles; daher möchte er alles von uns. Das Wesen des Feuers ist es zu verzehren. Es kann nicht an einer Stelle bleiben. Entweder wirst du kälter oder heißer in der Liebe zu Jesus und der Hingabe an ihn.

Unser lebenslanger Weg besteht darin, die Flamme anzufachen, indem wir uns den Heiligen Geist aufs Herz legen und über Jesus nachdenken. Liebe ist nicht passiv. Liebe ist Leidenschaft. Die Liebe verlangt alles. Wenn wir alles loswerden möchten, was diese Liebe behindert, wird uns diese Liebe zu radikalen Lebensentscheidungen führen, die unser Leben innerlich und äußerlich tangieren. Wir lieben ihn mit solch einer Hingabe, weil er uns auf diese Weise liebt.

Wenn wir je in der Ganzherzigkeit leben sollen, zu der wir geschaffen wurden, müssen wir Tag und Nacht Jesus anschauen, uns an ihm erfreuen, über ihn nachdenken und von ihm besessen sein.

Wenn du zu einem feurigen, hingegebenen Mann oder zu einer Frau von großem Glauben und großer Liebe werden möchtest, halte dir Jesus beständig vor Augen und du wirst in dein Bild verwandelt werden. Dazu wurdest du geschaffen. Wenn das dein Ziel ist, wirst du deinen vorrangigsten Lebenszweck erfüllen, der darin besteht, dem Bild der Liebe gleichgestaltet zu werden und das Herz des Schöpfers, der die Liebe selbst ist, zu erfreuen. Allerdings wird es dich alles kosten. Es ist einfach, aber kostspielig.

KAPITEL 7

So herausfordernd wie das Grab

Das Feuer der Liebe, das in unsere Herzen gegossen wird, verwandelt uns und führt uns mitten in Gottes Geschichte. Der Vater bereitet für seinen Sohn eine Hochzeit vor (Matthäus 22,2). Unser eigentlicher Lebenssinn besteht darin, eine ewige Gefährtin für Jesus und eine Familie für den Vater zu werden. Deshalb – und um so viele Menschen wie möglich zur Hochzeit zu bringen – leben wir (Matthäus 22,9).

Um mit Jesus in Liebe «ebenbürtig verbunden» zu sein, müssen wir so lieben, wie er uns liebt: mit allem, was er hat. Er ist das Lamm, das vor der Grundlegung der Welt geschlachtet wurde; seit Ewigkeiten ist er aufopfernde Liebe. Stets war diese Liebe in seinem Herzen und er nahm sich fest vor, für den gefallenen Menschen ein Opfer zu sein. Das ist Liebe: sein Leben für jemand anders hinzugeben. Das ist Liebe: für jemand anders zu leben und zu sterben. Es ist das Gegenteil unseres selbstsüchtigen Lebensstils.

Die Liebe ist das Gegenteil eines Lebens, das ständig um sich selber kreist. Liebe bedeutet, sich mit jemand anders zu befassen. Am höchsten drückt sich die Liebe in der Selbstaufopferung für die geliebte Person aus. Jesus sagte selbst: «Größere

Liebe kann niemand haben als die, dass er sein Leben für seine Freunde hingibt» (Johannes 15,13). Hier redet er von sich und sagt, dass sein Tod der höchste Ausdruck der Liebe ist. Da seine Demut und sein Tod am Kreuz die größten Bekundungen der Liebe überhaupt sind, können wir gewiss sein, dass Gott die Liebe so definiert. Dieses Vorbild streben wir als Menschen, die ihn lieben, an.

Wir dürfen nie versuchen, den Preis für unsere Sünde selber zu bezahlen, weil Jesus diesen Preis ein für alle Mal gezahlt hat, als er gekreuzigt wurde. Wenn wir die Gabe der Erlösung empfangen, hat der Tod keine Herrschaft mehr über uns. Für unsere Rettung brauchen wir nicht zu bezahlen und seine Aufmerksamkeit uns nicht verdienen. Ich rede hier von der Definition der Liebe.

Die Botschaft des Bräutigams

Überall in den Evangelien hören wir die Stimme des Bräutigams. Er ist auf der Suche nach einer Braut, die in solch einer Liebe ebenbürtig mit ihm verbunden ist. Die Botschaft des Bräutigams ist mehr als ein emotionelles, sentimentales Anbetungslied, obwohl Gefühle wichtig sind und zur Liebe gehören. Zu dieser Botschaft gehört auch die Gewissheit, dass er uns in unserer Schwäche liebt und unseren Reifeprozess schätzt, aber dass sie ohne die Selbstaufgabe unvollständig ist. Die Botschaft des Bräutigams handelt von Jesu Selbstaufgabe für uns und umgekehrt von unserer Selbstaufgabe für ihn. Er, der Reiche, wurde arm und gab alles hin, damit wir an seinem Reichtum teilhaben können (2. Korinther 8,9).

Die Betonung liegt hier auf dem Wort «alles». Die Botschaft entfaltet nur dann ihre volle Kraft, wenn du nichts im Herzen, Körper, in Worten oder Taten zurückhältst. Der Bräutigam ist jemand, der eifersüchtig unser ganzes Wesen haben möchte, weil er selber großzügig alles hingab (Philipper 2,6-8).

Das ist eine wunderschöne Wahrheit, die das Herz des Liebenden tief berührt. Der Apostel Paulus beschreibt die Botschaft des Bräutigams so: «Deshalb wird ein Mann [den] Vater ... verlassen und seinem Weibe anhangen ... Hier liegt ein großes Geheimnis vor; ich beziehe es auf Christus und die Gemeinde» (Epheser 5,31-32).

Paulus definiert die Liebe als Hingabe. Die Botschaft des Bräutigams, so sagt er, beinhaltet das Sichaufgeben und das Sichanhängen, um eins mit der Braut zu werden, wobei er klarmacht, dass er von Jesus und seiner Gemeinde redet. Jesus verließ die Reichtümer seines Vaterhauses und die Herrlichkeit, die er mit seinem Vater hatte, um Mensch zu werden. Als solcher lebte er dann auf Erden im Gehorsam gegenüber dem Vater demütig und zurückhaltend. Obwohl er vollkommen Gott ist, befahl er als Mensch dem Vater seinen Weg an und lebte, um dessen Willen zu erfüllen. Er verließ das Haus des Vaters, um der Menschheit anzuhängen und so dem Vater die Familie zu geben, die dieser sich wünscht, und auch um seine ewige Gefährtin zuzubereiten.

Erst wenn wir erkennen, dass Jesus für uns alles gab, werden wir mit entsprechender Selbstaufgabe reagieren. Wenn wir sehen, wie weit seine Liebe ging, bewirkt das in uns das Verlangen, ihn auf dieselbe Weise lieben zu wollen. Es bedeutet, dass auch wir alle unsere alten Wege verlassen müssen, um in Einheit mit ihm zu wandeln.

Jesus sagt: «Wer nicht sein Kreuz auf sich nimmt und mir nachfolgt, ist meiner nicht wert» (Matthäus 10,38). Das ist die Stimme des Bräutigams. Er sagt auch: «Will jemand mein Nachfolger sein, so verleugne er sich selbst und nehme sein Kreuz Tag für Tag auf sich und folge so mir nach!» (Lukas 9,23). Als Jesus den jungen Reichen ansah, gewann er ihn laut Bibel lieb und sprach zu ihm: «Eins fehlt dir noch: gehe hin, verkaufe alles, was du besitzest, und gib den Erlös den Armen: so wirst du einen Schatz im Himmel haben; dann komm und folge mir nach!» (Markus 10,21). Hier lockt die Stimme des Bräutigams. Jesus spricht unseren Wunsch an, ihn auf eine Art und Weise zu lieben, die auf unserem Verlangen nach Gott beruht. Es geht um mehr als das Empfangen der Vergebung: es ist der Lebensstil für alle, die sich völlig in Liebe hingeben wollen.

Wenn ich mir vorstelle, wie Jesus diese Worte sagt, sehe ich seine Augen wie die eines verliebten Mannes aufleuchten, der fragt: «Willst du mich heiraten?» Zu heiraten bedeutet, den alten Lebensstil aufzugeben, um mit dem oder der anderen eins zu werden. Man schließt ein partnerschaftliches Bündnis und verlässt sein altes Leben für ein neues. Das Ja zu Jesus bedeutet, den Namen, das Heim, die Zukunft und das Althergebrachte zu verlassen, um sich auf diese Weise an ihn zu klammern. «Wenn jemand zu mir kommt und nicht seinen Vater und seine Mutter, sein Weib und seine Kinder, seine Brüder und seine Schwestern, ja sogar sein eigenes Leben hasst, so kann er nicht mein Jünger sein» (Lukas 14,26). Wie wir vom Zeugnis der Schrift wissen, befürwortet Jesus nicht, dass man seine Familie wirklich «hasst», sondern er verlangt, dass im Vergleich zum Ausmaß der Liebe, die man für ihn hat, alle anderen Beziehungen zweitrangig sind.

Jesus möchte, dass sich bei uns alles um ihn dreht. Seinen feurig blitzenden Augen sieht man die Freude an, uns auf eine erstaunliche Entdeckungsreise der Liebe mitzunehmen. Ehe wir aufbrechen, sollten wir uns allerdings über die Kosten klar sein, weil es uns alles kosten wird (Lukas 14,27-29). Auch sollten wir nicht zurückschauen, wenn wir uns aufgemacht haben: «Noch ein anderer sagte: ‹Herr, ich will dir folgen; zunächst aber gestatte mir, von meinen Hausgenossen Abschied zu nehmen!› Da sagte Jesus zu ihm: ‹Niemand, der die Hand an den Pflug gelegt hat und dann noch rückwärts blickt, ist für das Reich Gottes tauglich›» (Lukas 9,61-62).

Wenn wir Jesus als Heiland annehmen, erhalten wir ihn gleichzeitig als Ehegatten (Hosea 2,18). Das ist hautnah und exklusiv. Das Kreuz ist ein Bündnis. Als Jesus dort mit weit offenen Armen und entblößtem Herzen hing, lud er die Welt mit den Worten ein: «Heiratet mich!» Als wir seine Vergebung empfingen, haben wir gleichzeitig seinen Antrag angenommen. Und es ist nicht einseitig, sondern ein Austausch, denn er sagt: «Was dein ist, gehört mir und was mir gehört, ist dein.»

In Psalm 45 definiert der Vater ebenfalls die Botschaft des Bräutigams als Selbstaufgabe. Durch den Vergleich von Psalm 45,7 mit Hebräer 1,8 wissen wir, dass hier der Vater über Jesus als den Messias redet. Es ist ein Psalm über das Königsein Jesu. Als Erstes beschreibt der Vater die erstaunlichen Ereignisse bei der Wiederkunft Jesu, wenn er die Erde in Bezug auf Demut und Gerechtigkeit richten wird (Psalm 45,4-6). Er redet von der Schönheit und Majestät Jesu und sagt, dass der Thron Jesu ewig bestehen bleiben wird. Er ist der König des Universums und wird als Mensch von Jerusalem aus herrschen (Jesaja 2,3; Jeremia 3,17; Matthäus 5,35). Es ist eine herrliche Schriftstelle über die Majestät und Schönheit des Messias.

Ich kann mir gut vorstellen, wie der Vater dann mitten in diesem schönen Lied, das er von Jesus singt, über den Balkon des Himmels direkt zum Herzen der Menschheit schaut und sagt: «Willst du wissen, was das Herzensgeheimnis meines Sohnes ist? Dieser Mann, der die Sterne festhält, der in der Mitte von allem auf seinem Thron der Herrlichkeit sitzt ... dieser Mann wird für immer über alle Schöpfung regieren und seine Herrschaft wird kein Ende haben ... dieser Mensch, der euch durch die Worte seines Mundes aufrechterhält, er ist vollkommen Gott und vollständig Mensch. Möchtest du wissen, was er sich wünscht? Möchtest du wissen, was sein Herz bewegt und was er ‹schön› nennt?» Er sagt: «Höre, Tochter, sieh und neige dein Ohr: Vergiss dein Volk und dein Vaterhaus! Dein König verlangt nach deiner Schönheit» (Psalm 45,11-12; Luther 1984).

Jesus sehnt sich nach Männern und Frauen, die sich ihm völlig hingeben. Menschen, die in ihrem Gehorsam, ihren Gefühlen, ihrer Treue oder sonst wo nichts zurückhalten. Sie erregen seine Aufmerksamkeit und bewegen sein Herz. Diese Hingabe von ganzem Herzen wünscht er sich, weil sie seinem eigenen Wesen und seinen Taten entspricht. Das findet Jesus schön und attraktiv. Solch eine Hingabe zieht ihn an. Es geht hier nicht um das Verdienen der Rettung oder seiner Gunst, sondern um die Art von Menschen, mit denen er sich umgeben möchte und die er als seine Freunde bezeichnet – wie die zwölf Apostel, die alles verließen, um ihm zu folgen. Mit solchen Leuten möchte er zusammen sein, weil sie ihm ähnlich sind.

Jawohl, das ist schockierend. Er möchte, dass wir ihm ganz und gar hingegeben sind, ohne uns eine Hintertür offenzulassen und ohne zurückzuschauen. Es gibt nur eine menschliche Beziehung, die diese Art der Selbstaufgabe demonstriert. Für den Vater oder den Bruder verlässt man nicht alles, wohl aber für die Ehe. Diese Hingabe an Jesus hat nichts damit zu tun, ob du männlich oder weiblich bist. Sie hat mit der Nähe zu seinem Herz und dem Einssein zu tun; unsere Vorbilder sind Menschen wie David, der Lieblingsjünger Johannes und der Apostel Paulus, der alles verließ, um ganz für Jesus zu leben.

Von Zeit zu Zeit fordert Jesus uns auf, Außergewöhnliches zu wagen, selbst wenn es uns riskant erscheint, aber gerade für ein solches Hochgefühl des Lebens aus ganzem Herzen wurden wir geschaffen. Er möchte, dass du ihm mit allem vertraust, wobei du dich ganz auf den unsichtbaren Gott stützen musst. Das ist der Lebensstil des Kreuzes, der so voller Kraft ist. Männer und Frauen, die das von ganzem Herzen tun und nichts zurückhalten, sind wie Leuchtfeuer in der Nacht der Welt. Diese Menschen ragen in der Geschichte als hell brennende Lichter hervor. Sie sind es, die das Herz Jesu berühren und die Welt verändern.

Selbstverleugnung

> Will jemand mein Nachfolger sein, so verleugne er sich selbst und nehme sein Kreuz Tag für Tag auf sich und folge so mir nach!
>
> Lukas 9,23

Hier spricht der Bräutigam Jesus selbst. In unserer westlichen Kultur erscheint es fast frevelhaft, sich selbst zu verleugnen. Selbstverleugnung ist ein Tabu, das man nicht antastet. Leute in und außerhalb der Gemeinde halten sie oft für entsetzlich, wenn nicht gar für falsch. Dennoch sagt Jesus uns als unser Schöpfer und Bräutigam, dass die Selbstverleugnung der Weg ist, ihm nachzufolgen. Wir müssen ein Kreuz aufnehmen, sagt er, und uns selbst verleugnen. Vergiss nicht, hier spricht die personifizierte Liebe und diese Selbstverleugnung nährt sich aus unserem Verlangen, bei ihm zu sein. Er weiß am besten, wie unser Herz tickt und er uns in Liebe voranbringen kann.

Wir wurden geschaffen, um für jemand Größeren und Wichtigeren zu leben und für etwas, was außerhalb von uns selbst ist. Uns verlangt nach einer Aufgabe, die größer ist als unser Leben. Deshalb begeistern wir uns für Filme, in denen sich selbstlose Menschen für eine gute Sache opfern und vergießen Tränen über Leute, die ihr Leben gaben, um den Sieg oder die Freiheit für ihr Land zu erringen. Liebesgeschichten, in denen man alles für die Liebe aufgibt, finden wir toll. Von Geschichten heldenhafter Tugend und herzergreifender Uneigennützigkeit schwärmen wir, aber wenn es zur Sache geht und wir uns so verhalten sollen, ist es etwas ganz anderes.

Der Lebensstil der Selbstverleugnung und Selbstaufgabe von ganzem Herzen ist der Lebensstil der Liebe. Anders kann man die echte Liebe gar nicht definieren. Heutzutage misst man allerdings häufig die Liebe zu Gott an dem, was er für uns tun kann oder daran, wie angenehm er es uns machen kann. Das ist selbstsüchtig, fühlt sich gut an und dreht sich um «mich». Gott tut viel für uns, aber wir sind am zufriedensten, wenn wir ihn zufriedenstellen. Wenn wir ihm also unser ganzes Herz geben, sind wir gesegnet und es ist gut so.

Alle seine Segnungen sind gut! Wir sollten sie lieben! Aber wir sollten uns in der einen Sache verlieren, die wir ihm geben können – unsere Liebe, wie sie in einem für ihn ausgegossenen Leben ausgedrückt ist. Wir sind sein Erbe (Psalm 2,8) und wir müssen uns dafür begeistern, ihm zu gehören. Wir sind der Preis, der vor seinen Augen stand, als er am Kreuz hing und wir wünschen uns einen Lebenswandel, der dieser Berufung würdig ist (2. Thessalonicher 1,11).

Paulus

Paulus formulierte, dass er mit Christus gekreuzigt war und in 1. Korinther 15,31 sagte er: «Tagtäglich sterbe ich.» Er führte ein überaus selbstloses Leben und genau danach hält der Vater in Psalm 45,11-12 Ausschau. Das zieht Jesus an und solche Menschen nennt er Freunde. Paulus sagte von sich, er hätte die höchste Autorität und die geringsten Privilegien (1. Korinther 4,9; 12,28). Er war ein Sklave; er nannte sich einen Knecht oder Diener Christi (griechisch Sklave – Galater 1,10). Er sah sich an Jesus gebunden. Alle seine Errungenschaften bezeichnete er als Dreck oder Müll (Philipper 3,8); er wollte sich ihrer noch nicht einmal rühmen. Stattdessen brüstete er sich so:

> 23 ... Ich bin's noch mehr: In mühevollen Arbeiten überreichlich, in Gefangenschaften überreichlich, unter Schlägen mehr als genug, in Todesgefahren gar oft; 24 von Juden habe ich fünfmal die vierzig Geißelhiebe weniger einen erhalten; 25 dreimal bin ich ausgepeitscht, einmal gesteinigt worden; dreimal habe ich Schiffbruch gelitten, einen Tag und eine Nacht bin ich ein Spielball der Wellen gewesen; 26 wie viele be-

schwerliche Fußwanderungen habe ich gemacht, wie viele Gefahren bestanden durch Flüsse, Gefahren durch Räuber, Gefahren durch meine eigenen Volksgenossen, Gefahren durch Heiden, Gefahren in Städten, Gefahren in Einöden, Gefahren auf dem Meer, Gefahren unter falschen Brüdern! [27] Wie oft habe ich Mühsale und Beschwerden bestanden, wie oft durchwachte Nächte, Hunger und Durst, wie oft Entbehrungen jeder Art, Kälte und Mangel an Kleidung!

2. Korinther 11,23-27

Wegen seiner Liebe und Hingabe zu Jesus ertrug er die Verfolgung für ihn. Verfolgungen und Schwierigkeiten sind nicht der einzige Weg, Selbstaufgabe für Jesus zu zeigen, aber sie sind eine Weise, wie viele seiner Freunde ihr Leben für ihn niedergelegt haben. Diejenigen von uns, die nicht verfolgt werden, stehen vor anderen Herausforderungen. Wir müssen Wege finden, unsere Liebe durch unseren Gehorsam auszudrücken. Das kann bedeuten, dass wir uns gewissen Aspekten eines komfortablen und leichten Lebens inmitten der Wohlstandsgesellschaft versagen.

Der Lebensstil des Fastens

Wie führen wir in unserer modernen Welt ein Leben der Selbstverleugnung und der Liebe? Wie tun wir das? Mike Bickle nennt es den «Lebensstil des Fastens» und hat darüber ein Buch mit dem Titel «Der Lohn des Fastens» geschrieben, das einige der Wege untersucht, wie wir unser Kreuz hier im Westen auf uns nehmen können.

In Amerika und in den meisten westlichen Zivilisationen leben wir heutzutage in einer Fülle von Zerstreuungen mit vielen Erleichterungen und einem Überfluss an Reichtum, Nahrung, Vergnügen und Komfort. Viele von uns haben wenig Verständnis dafür, was echtes Opfern bedeutet. Uns fällt es schon schwer, zehn Prozent unseres Geldes zu geben und wir leben in der Angst, kleine Bequemlichkeiten zu verlieren. Der Herr will uns aber an diesem Punkt herausfordern, weil es ums Vertrauen geht – einem Aspekt der Liebe. Indem wir den Herrn lieben, vertrauen wir ihm. Wir möchten unser Vertrauen freiwillig von unserem Reichtum und unserer Kraft hin zu ihm und seiner Versorgung übertragen, um seiner mächtigen Hand zu begegnen. Unsere Cents für seine grenzenlosen Ressourcen, unsere winzige Kraft für seine endlose Macht – das ist ein schöner Tausch.

Freiwillige Schwäche

Es gibt viele Wege, den Lebensstil des Fastens zu führen. Wir fasten, um unsere Liebe zu Gott auszudrücken und öffnen uns gleichzeitig für die Gnade Gottes, um ihn zunehmend lieben zu können. Dadurch geben wir Gott gewissermaßen mehr Raum in unserem Herzen und in unserem Leben. Zum Fasten gehört der Verzicht auf Nahrung, Worte, Energie, Geld und Einfluss. So viele Dynamiken spielen sich auf psychologischer, körperlicher, emotioneller und zwischenmenschlicher Ebene ab, wenn wir in diesen Bereichen fasten. Alle, die geistlich auf dynamische Weise wachsen möchten, kommen ums Fasten nicht herum. Gott kennt die menschlichen Dynamiken, die sich in uns nur durchs Fasten entfalten können. Der große Psychologe fordert uns zum Fasten auf, weil er den menschlichen Geist versteht. Sein Befehl, in diesen Bereichen zu fasten, sagt etwas über die Funktionsweise des menschlichen Herzens aus und hat nichts damit zu tun, dass Gott streng mit uns umgehen möchte, um uns abzuhärten.

Manche reden über das Fasten, als sei Gott ein Sklaventreiber, der uns warnt, den Preis zu zahlen und «folgsam zu sein oder es gibt Konsequenzen». Nein, der Herr ruft uns als der Schöpfer und Architekt des menschlichen Geistes zum Fasten auf. Er weiß, wie wir funktionieren und er kennt die Dynamiken, die auftreten, wenn wir uns in diesen Bereichen selbst verleugnen. Viele Leute halten das für Unsinn und entwickeln selbst nach Jahrzehnten eines Lebens mit Jesus sehr wenig geistliche Reife.

Das Fasten ist laut Jesus direkt mit dem Erlebnis seiner Gegenwart verbunden (Matthäus 9,15). Es geht um die Liebe. Wenn wir uns ihm auf diese Weise hingeben, können wir mehr Gnade erhalten, ihn zu lieben. Wir kommen zwar auch so in den Himmel, aber ich wünsche mir die Salbung, ihn in dieser Welt so voll und ganz zu lieben, wie Gott es mir ermöglicht. «Mit demselben Maß, mit dem ihr messt, wird euch wieder gemessen werden, und es wird euch noch hinzugetan werden» (Markus 4,24).

«Meine Kraft gelangt in der Schwachheit zu voller Auswirkung», sagte Jesus zu Paulus (2. Korinther 12,9). Wie würde es dir gefallen, in seiner vollkommenen Kraft zu leben? Er sagt: «Möchtest du das? Dann nimmt die Schwäche gern an. Lege deine Kraft beiseite und du wirst in diesem Zeitalter mehr von meiner vollkommenen Kraft erleben.»

Man beachte, dass Jesus nicht sagt: «Meine Kraft gelangt in deinem moralischen Versagen zu voller Auswirkung.» Er redete nicht von der Sünde, sondern vom Lebensstil des Fastens. Paulus akzeptierte gern die Schwäche, das Evangelium in feindlicher Umgebung zu predigen. «Paulus, ich will dir meine vollkommene Kraft geben», sagte der Herr, «weil du deine Kraft niederlegst, um mir zu vertrauen. Ich werde dir die Kraft zurückgeben.» Paulus erwiderte: «Daher will ich mich am liebsten umso mehr meiner Schwachheiten rühmen, damit die Kraft Christi Wohnung bei mir nimmt» (2. Korinther 12,9). Damit drückt er aus: «Wenn ich mehr faste und freiwillig Schwäche akzeptiere, erhalte ich hier und jetzt mehr Kraft.»

Wenn wir einen Lebensstil des Fastens führen, erleben wir in weitaus größerem Maße Gottes Kraft und Liebe. Ohne einen Lebensstil des Fastens kann man kaum wachsen. Ich wünsche mir mehr als bloße Einführungen zum Glauben - ich möchte zu den Tiefen Gottes vordringen.

Die größten Diener Gottes lebten einen Lebensstil des Fastens - Mose, Elia, Johannes der Täufer, der Apostel Paulus, um nur einige zu nennen. Wenn man sie damals kennengelernt hätte, ohne zu wissen, dass sie bald in der Bibel erwähnt würden, wären sie in den Augen der Menschen nicht als wichtig erschienen. Aber Gott bezeichnet sie als «groß». Johannes war der größte Mensch, der je von einer Frau geboren wurde (Matthäus 11,11) und er führte jahrelang einen Lebensstil des Fastens für einen sehr kurzen Dienst. Wäre er heute im Dienst, würde man ihn als Versager abstempeln, aber Jesus schätzte ihn hoch.

Vergiss, was man dir sagt. Der Standard der Schrift ist der einzig gültige fürs Leben. Brich alle Brücken hinter dir ab und suche nach Wegen, wie du dich verleugnen kannst. Nimm dein Kreuz auf dich und folge Jesus nach. Geh aufs Ganze!

Ich kann Gott nicht lieben und mich verleugnen, wenn ich dabei die ganze Zeit die Zähne zusammenbeißen muss. Ich brauche Hilfe und der Geist Gottes hilft mir dabei so viel, wie ich möchte. Anstatt zu fragen, wie viel ich mir erlauben kann, um trotzdem noch in den Himmel zu kommen, frage ich den Heiligen Geist: «Wie weit erlaubst du mir zu gehen? Wie hingegeben darf ich sein?» Da ich aufs Ganze gehen möchte, bete ich inständig um Gnade und übernatürliche Hilfe und erhalte sie von ihm.

Was würde ein Mann für die Liebe anbieten?

Verglichen mit dem himmlischen Ruf, Christus zu erkennen, hielt der Apostel Paulus alles für einen Verlust: «Ja, ich achte sogar unbedingt alles für Schaden gegenüber der unendlich wertvolleren Erkenntnis Christi Jesu, meines Herrn, um dessen willen ich das alles preisgegeben habe und es geradezu für Kehricht halte, damit ich nur Christus gewinne» (Philipper 3,8). Er wollte nicht, dass man ihm wegen seiner vergangenen Errungenschaften applaudierte und wehrte sich auch gegen jedes Lob für seinen radikalen Gehorsam gegenüber Jesus. Der war für ihn nichts Besonderes. Wer von der Liebe erfüllt ist, wer den Wert Jesu erkannt hat, gehorcht ihm selbstverständlich. Wenn man erst einmal Jesus erkannt hat, sei es auch nur flüchtig, wächst der Glaube bis zu dem Punkt, an dem man tatsächlich das glaubt, was man sagt und das ganze Leben ist verändert. Paulus sprach von dieser Liebe, die jeden Preis bezahlt. Gelegenheiten, die sich ihm boten, nahm er nicht wahr. Er diente radikal, wurde deshalb verfolgt und nahm alle Entbehrungen in Kauf, aber er zögerte nie, weil er erkannt hatte, wie wertvoll Jesus ist.

In derselben Schriftstelle, an der wir aufgefordert werden, uns Jesus wie ein Siegel aufs Herz zu legen, heißt es von der Liebe: «Würde einer auch alles Gut seines Hauses als Kaufpreis für die Liebe anbieten: er würde darüber nur spotten» (Hohelied 8,7). Wer liebt, würde um der Liebe willen den ganzen Reichtum seines Hauses geben und jedes Lob völlig von sich weisen, er hätte etwas Edles getan. Stell dir vor, ein Vater hätte ein Kind, das im Sterben liegt. Es gibt ein Heilmittel für seine Krankheit, aber es kostet den Vater alles – seine Ersparnisse, seine Immobilien und seine Rücklagen fürs Alter. Wenn er um die Welt fliegen müsste, um es zu erhalten, würde er es tun und wir würden ihm applaudieren. Aber er würde sich nicht edel vorkommen, sondern jede Anerkennung abtun: «Ich? Edel? Ich liebe doch mein Kind. Die Aufgabe meines Reichtums ist nicht zu vergleichen mit der Rettung meines Kindes.»

So leben Menschen, die verliebt sind. Was würden wir nicht aufgeben, um Jesus nachzufolgen? Es gibt nichts Vergleichbares, als bei ihm zu sein und ihm zu gefallen. Nichts! Es ist eine Frage des sehnsüchtigen Verlangens, nicht des Edelmuts, wenn ein Mann oder eine Frau alles aufgibt, um ihm zu folgen. Nur wer nicht erkennen kann, wie wertvoll Jesus ist, kann nicht verstehen, warum jemand alles aufgibt, um ihm zu folgen.

Um mich ihm mehr hinzugeben, muss ich ihn klarer sehen. Mir fehlt es an Ganzherzigkeit, weil es mir an Sicht mangelt. Deshalb bete ich intensiv um Sicht, damit ich die Schönheit und den Wert Jesu erkennen und darauf verschwenderisch reagieren kann. Jesus möchte dich vollkommen sein Eigen nennen und dies entspricht auch deinem Wunsch. Unsere Bücher und Filme sind voller Geschichten von Leuten, die ihre Liebe auf extreme Weise ausgedrückt haben. Es ist eine Geschichte auf unser Herz geschrieben und wenn wir sie wirklich ausleben, fühlen wir uns am lebendigsten. Die Liebe wird durch die Fähigkeit zum Lieben belohnt. Sie ist der Hauptgrund, für den wir geschaffen wurden. Wenn wir so lieben können, wie der Schöpfer die Liebe definiert, sind wir vollkommen zufrieden und lebendig. Der höchste Lohn der wahren Liebe liegt im Besitz der Liebe selber; unsere größte Belohnung ist die Salbung, Gott zu lieben. Wer reich an Liebe ist, schaut sich dabei nicht das Preisschild an. Kein Opfer ist vergleichbar mit dem, was Gott uns in seiner Liebe gibt.

«... deren die Welt nicht wert war» (Hebräer 11,38)

Männer oder Frauen mit solch einem Glauben, die überzeugt sind, dass Jesus sie beobachtet, machen es sich zu ihrem Lebensziel, ihm zu gefallen und in ihrem Verlangen und ihrer Hingabe radikal zu werden. Wir leben als Fremde in dieser Welt (Hebräer 11,13). Wir sind Pilger, die nicht von dieser Welt sind, sondern sie nur als Botschafter eines anderen Zeitalters passieren. Als «Freunde des Bräutigams» sind wir Missionare mit dem Auftrag, die Braut auf die Hochzeit vorzubereiten. Wir sind nicht hier, um Sandburgen zu bauen oder uns einen Namen zu machen. Wir bewegen uns ständig auf etwas Zukünftiges hin. Heutzutage ist das Leben äußerst kostbar und vieles von dem, was wir tun, besteht im kommenden Zeitalter fort. Deshalb ist das Leben mächtig, aber wir gehören zu denen, die fest verankert sind. Wir besitzen eine Hoffnung und eine Zukunft, die von dem Auf- und Abstieg dessen, was die Welt bietet, nicht erschüttert wird.

Die Wirtschaftskrise, die kommende Verfolgung, das Chaos zwischen den Gesellschaftsschichten, gottlose Politik oder korrupte Weltregierungen sind nicht das Ende vom Lied. Um weitere Menschen zu ihrer hauptsächlichen, noch zukünftigen Hoffnung zu bringen, möchten wir diese Dinge beeinflussen. Wir leben als Pilger, die nicht an die Dinge dieser Welt gebunden sind – wir sind weder uninteressiert noch unbeteiligt, aber unsere Herzen sind frei von der Verstrickung und der Angst vor diesen Dingen, weil wir wissen, wohin wir gehen. Die Welt ist der Männer und Frauen mit solch einem Glauben nicht wert (Hebräer 11,38).

Ich möchte mich der großen Wolke der Zeugen anschließen, das Rennen mit Ausdauer laufen und bis zum Ende treu sein. In Hebräer 11 waren sich solche Männer und Frauen des Glaubens bewusst, im Blickfeld von einem anderen Paar Augen zu stehen, und bauten ihre Hoffnung auf eine andere Heimat. Wir sind nicht von dieser Welt. Obwohl wir sie lieben, gehören wir nicht zu ihr. Das dürfen wir nie vergessen.

Im Laufe der Geschichte hat es immer wieder Beispiele für diese Art des Glaubens und der Liebe gegeben. Inmitten einer dunklen Welt waren sie leuchtende Lichter. Sie haben sich selbst verleugnet, ihr Kreuz auf sich genommen und sind Jesus mit Herzen voller Feuer und Liebe gefolgt. Sie sind die Ausnahmen, aber sie sind schön. Wir finden sie schön und Jesus auch.

Ein Beispiel ist der heilige Franziskus von Assisi. Als Sohn eines reichen Mannes wurden ihm alle Vergnügungen des Lebens zuteil. In seiner Jugend liebte er Partys und war bei seinen reichen Freunden sehr beliebt. Doch als er die Worte Jesu hörte, er solle alles verkaufen und ihm folgen, tat er es! Sein Vater verstieß ihn, seine Freunde kehrten sich ab und er ließ seinen ganzen Reichtum stehen und liegen, um Jesus zu folgen. Er wurde zu einem der einflussreichsten Männer der Kirchengeschichte und führte bis zu seinem Tod ein Leben der Selbstaufgabe.

Ein anderes Beispiel ist der Missionar David Brainerd, der den Indianern in Nordamerika um 1730 diente. Als junger Mann war er so hungrig danach, dem Herrn zu gefallen, dass er schließlich sein bequemes Leben aufgab, um als Missionar den Indianern die Frohe Botschaft zu bringen.

Es gibt viele große Männer und Frauen, die leuchtende Beispiele der Liebe und Selbstaufgabe für Jesus sind. Wir besitzen eine reiche Geschichte von Männern und Frauen, die so hingebungsvoll und von ganzem Herzen für Jesus lebten und wir stammen von einer langen Reihe von Menschen ab, die reich an Liebe zu Jesus waren. Was er von uns verlangt, ist nicht zu schwierig. Im Verlauf der Geschichte wurde immer wieder bewiesen, dass es nicht nur machbar, sondern auch die beste Lebensweise ist. Für diese Art der Liebe wurden wir geschaffen. Wir wurden dazu bestimmt, uns voll zu verausgaben und für jemand anders als uns selbst zu leben.

Ein Traum über das Kreuz

Um weiterhin zu betonen, dass wir einen Lebensstil brauchen, der das Kreuz nachahmt, möchte ich einen Traum erzählen, den ich Anfang zwanzig hatte und der ein lebhaftes Bild hinterließ. Kaum ein anderer Traum hat mich je so beeindruckt: Ich war ein Kind und befand mich auf einem mondhellen Friedhof mit riesigen Grabsteinen. Vor mir lag ein offenes Grab von gewaltigem Ausmaß und um dieses offene Grab tanzte ich. Ein Mann am Fußende des Grabes warnte mich immer wieder: «Sei vorsichtig! Pass auf!»

Kindlich unbeschwert wie ich war, gab ich nicht acht, sondern drehte mich tanzend im Kreis. Plötzlich geriet ich zu nahe an den Rand dieses offenen Grabes und stürzte hinunter. Zuerst stand mein Herz still, dann raste es vor Panik und Angst. (So lebhaft und realistisch war der Traum, dass ich selbst jetzt noch mein Entsetzen spüre.) Während ich hineinrutschte, griff ich nach der Seite des Grabes. Ich merkte, wie die Graswurzeln unter meinen Fingernägeln abbrachen und schmeckte Schmutz im Mund. Als ich mich so an die Seite dieses Grabes klammerte, schaute ich über meine Schulter und sah nichts als Schwärze um mich herum; die kalte Dunkelheit dieses Grabes biss mir in den Rücken. Obwohl starr vor Angst, war ich jetzt nüchtern und konzentriert. Ich wusste, ich musste meine ganze Energie aufbieten, um aus diesem Grab herauszukommen. Mit ganzer Kraft fing ich an zu klettern. Es war ein gewaltiger Kampf und erforderte meine ganze Konzentration und Energie. Meine Kleidung zerriss, mein Gesicht wurde ganz dreckig und mein Körper schmerzte, während ich mich selber aus dem Grab herauszog. Ich schaffte es kaum, aber schließlich erreichte ich die Oberfläche und zog mich wieder auf festen Boden hoch.

Im Traum stand ich dann auf und war auf einmal erwachsen. Entschlossen und ernsthaft ging ich zum Kopf des Grabes. Der Mann am Fußende war noch da und beobachtete mich. Ich war auf einer Mission und wusste, was ich zu tun hatte. Am Kopfende dieses Grabes stellte ich mich auf und fing an, langsam und bewusst meine Hände in Form eines Kreuzes auszustrecken. Mein Herz war frei von Angst, aber voll ruhiger Freude. Ich benahm mich nicht mehr kindlich, sondern hatte ein Herz des Friedens und der Entschlossenheit. Als meine Arme vollends in Form eines Kreuzes ausgestreckt waren, deutete der Mann am Ende des Grabes auf mich und schrie wütend: «Tu es nicht! Das sieht so aus, als würdest du gekreuzigt werden!»

Als er das sagte, stand ich mit ausgestreckten Armen am Kopfende des Grabes, den Körper in der Form eines vollen Kreuzes. Da kam der Herr selber von hinten und schritt in mich hinein – ein Gefühl, dass ich selbst nicht beschreiben kann. Aber ich wusste, es war der Herr. Ihn selbst sah ich nicht, ich spürte nur, wie seine Gegenwart in mich eintrat. In diesem Moment schwebte ich plötzlich empor. Ich schaute nach unten und sah, dass ich mit hellem Licht bekleidet war. Das Licht strahlte von meinen Händen, meinem Gesicht und meinen Füßen. Es umgab mich. Ich schaute auf diesen riesigen Friedhof und alle Grabmäler begannen umzufallen, während das offene Grab, in das ich zuvor gefallen war, verschluckt wurde und verschwand. Ich löste mich mit dem Licht vom Boden. Wie Elektrizität bedeckte die Kraft des Heiligen Geistes meinen ganzen Körper und durchdrang mich. Ich schwebte über dem Friedhof, während er in den Erdboden verschwand und aus meinem Inneren Licht kam.

Ich wachte auf. Ich stand im Zimmer, die Arme wie ein Kreuz ausgestreckt und betete im Geist, während Gottes Kraft wie Elektrizität überall um mich herum Funken sprühte. Dann sagte er: «Entweder stirbst du in deiner Unreife und Sünde oder du stirbst freiwillig dir selbst und erlebst meine Kraft und mein Licht.»

Ich möchte in der Liebe reifen und nicht bloß wie ein Kind leben. Ich möchte dem Ebenbild der Liebe gleich werden, indem ich mich selbst verleugne, mein Kreuz auf mich nehme und ihm folge. Wie der Apostel Paulus möchte ich sein und alles andere für nichts erachten, verglichen mit der Herrlichkeit, Christus zu erkennen. Den Weg des Kreuzes möchte ich in größerem Umfang gehen, als ich es momentan tue, und ich bitte Jesus anhaltend, mir den Weg der Liebe zu zeigen.

Sich selbst zu sterben ist ein Schlüssel zum Leben im Geist. Wir müssen unser Kreuz auf uns nehmen und ihm folgen, um die Einheit mit ihm zu erlangen. Erst in dieser Einheit erfüllen wir unseren Schöpfungszweck und die ursprüngliche Absicht des Schöpfers. Er möchte mit uns eins in Gemeinschaft sein, aber wir müssen seinem Ebenbild gleich werden. Wir wünschen uns mehr als einen Alphakurs des Glaubens und der Anfänge der Liebe. Wir möchten an ihn gebunden sein, eins mit ihm in reifer, heiliger, krafterfüllter Liebe sein. Der Heilige Geist wird nicht versagen und der Vater wird seinem Sohn eine Braut bereiten, die in Selbstaufgabe ebenbürtig mit ihm verbunden und reif in Liebe und Glauben ist. Man braucht Glauben, um radikal zu leben, aber Gott wird ein Volk haben, das ihn so liebt, wie er es liebt.

Jesus gebrauchte die richtigen Worte, als er uns zum Kreuz aufrief. Sich selbst zu sterben erfordert geistliche Gewalt (Matthäus 11,12), die radikal mit der Sünde und der Egozentrik umgeht. Es erfordert, Jesus ständig nachzugeben. Unser ganzes Leben ist ein Prozess, den Gott uns geschenkt hat, damit wir unsere Rettung «verwirklichen» (Philipper 2,12; Schlachter). Mit anderen Worten, wir befinden uns in einem lebenslangen Prozess, der uns Jesus-konform werden lässt. Inmitten unserer Schwäche und unseres Strauchelns gibt es eine Liebe, die stärker ist als unser Versagen. Wenn wir uns an ihn wenden, anstatt von ihm wegzurennen, wird er uns helfen.

Diese Liebe ist stärker als der Tod selbst und so herausfordernd wie das Grab (Hohelied 8,6). Sie fordert alles und wird alles entfernen, was sich ihr in den Weg stellt. Wir suchen uns mit dem Feuer zu vereinen und uns ihm nicht zu widersetzen. Wir möchten seine Flamme von ganzem Herzen annehmen. Im Laufe der Geschichte hat sich diese Liebe durch das Leben von Männern und Frauen bewährt, die brennende und scheinende Lampen waren. In der Generation, in der der Herr wiederkommt, wird man seinen Wert und seine Schönheit sehen. Das führt zu solch einer Resonanz in seinem Volk, dass die endzeitliche Gemeinde siegreich in Liebe ist.

Es ist unaufhaltsam. Die Wasser der Furcht, der Scham, des Versagens, der Habsucht oder auch der Verfolgung und des Märtyrertums werden das Feuer der Liebe nicht auslöschen (Hohelied 8,7). Es ist die Liebe, die eine große Schar von Menschen motivieren und antreiben wird, bis zum Ende treu zu bleiben!

Auch heute schon möchte ich ein Mensch mit solch einem heiligen, brennenden Herzen sein. Hier in seinen Augen, ganz von ihm eingenommen, entdecke ich meinen Hauptlebenszweck. Wie weit können wir gehen? Wie hingegeben können wir sein? Mit wie viel Gnade wird er uns stärken, damit wir alles verlassen und ihm folgen? Ich möchte nicht fragen, wie viel Sünde und Kompromiss ich mir erlauben kann, um trotzdem in den Himmel zu kommen. Ich möchte die prickelnde Freude kennen, die Brücken hinter mir abzubrechen und meine feierlichen Versprechen zu erfüllen. Wie der Apostel Paulus, Johannes der Täufer und Maria von Bethanien möchte ich die Liebe im höchsten Maß ausdrücken, das mir der Herr ermöglicht.

KAPITEL 8

Wenn du nicht aufgibst, gewinnst du

Wenn uns die Vision erst einmal gepackt hat und wir unseren Hauptlebenszweck klar sehen, verpflichten wir uns, vor seinen Augen zu leben, ihn mit voller Selbstaufgabe zu lieben und unser Leben in der Liebe zu anderen zu führen und so zu Dienern oder Dienerinnen von allen zu werden. Als Nächstes müssen wir tief durchatmen und uns auf einen Marathon einstellen. Wir brauchen vor allem Ausdauer. Es ist eine Sache, über die Vision zu schreiben bzw. zu reden, aber es ist etwas ganz anderes, sie für den Rest des Lebens umzusetzen.

Hebräer 11–12

Diesen notwendigen Durchhaltewillen erwähnte der Autor des Hebräerbriefes in seinem Schreiben an die frühkirchlichen Gläubigen, die wegen ihres Glaubens an Jesus verfolgt wurden. Diese jüdischen Gläubigen wurden wegen ihrer Loyalität zu Jesus aus ihren Gemeinden, Synagogen und Familien verstoßen. Die damaligen politischen und religiösen Verhältnisse waren gegen sie und durch ihre Entscheidung für Jesus gaben sie im wahrsten Sinne des Wortes ihr Leben auf.

Als der Hebräerbrief verfasst wurde, waren viele dieser Gläubigen Jesus jahrzehntelang gefolgt. Sie standen zu ihren Überzeugungen und hatten ihm ihre Herzen gegeben, aber einige von ihnen wurden mit der Zeit müde. Trotz langer Nachfolge zweifelten sie am Sinn ihres Glaubens an Jesus und stellten ihre Entscheidung für ihn infrage. Vermutlich dachten sie: «Ich weiß nicht, ob er wirklich zurückkommen wird.» Als sie Jesus ihr Ja gaben, sahen sie ihn durch die Linse der jüdischen Messias-Verheißungen des Alten Testaments. Sie dachten, der von ihnen erwartete Messias würde auf die Erde kommen, von Jerusalem aus regieren, sein Königreich aufrichten und die Welt erobern. Dann gab es eine unerwartete Verzögerung.

Einige dieser Gläubigen wollten sich zurückziehen. Sie sagten sich: «Gehen wir doch zu den Gebräuchen unserer Kindheit zurück. Dann können wir bei unseren Familien bleiben und unseren gesellschaftlichen Status behalten. Wir wollen unsere Arbeit oder unser Leben nicht verlieren. Dies ist viel zu schwierig. Wer weiß denn schon, ob Jesus wirklich der Wahre ist oder nicht? Wer weiß das schon? Er ist ja noch nicht mal hier. Es heißt, er sei von den Toten auferstanden, aber wer weiß?»

Der Verfasser des Hebräerbriefes verwandte einen Großteil des Briefes auf seine Antwort: «Wenn ihr erst einmal die Person kennengelernt habt, die hinter den Gesetzen und den Propheten steht, könnt ihr nicht mehr umkehren.» Er sucht sie zu überzeugen, dass das gesamte Alte Testament – alles, was Mose tat, Abraham, das Gesetz und alle Propheten – die ganze Zeit von Jesus handelte. Als Jesus auf die Erde kam und sich ihnen höchstpersönlich im Fleisch vorstellte, hatten sie nicht mehr die Möglichkeit zurückzugehen.

Wer in der Sonne steht, wirft einen Schatten auf den Boden. Ein solcher Schatten war der Alte Bund. Jesus steht dort seit aller Ewigkeit und wirft einen Schatten in Gestalt seiner Person. Das ist der Alte Bund: Er ist ein Schatten. Er lieferte ein sehr unscharfes Bild davon, wie Gott aussah. Im Laufe der Geschichte sollte Israel eigentlich immer Jesu Geschichte erzählen, auch wenn sie nur geflüstert und ein Schatten war. Der Tabernakel, die Opfer, die Feste ... Jesus sagt: «Die handeln von mir. Ihr solltet eigentlich die ganze Zeit meine Geschichte erzählen.» Irgendwo und irgendwann wurden sie verwirrt und fingen an zu glauben, der Schatten sei das Echte. Der Schatten wurde zu ihrer Geschichte und sie verloren Kontakt zu der Person, die den Schatten warf.

Der Autor des Hebräerbriefes sagte: «Der Alte Bund war der Schatten einer echten Person.» Mose sah ein echtes Heiligtum. Als er jenes Zelt in der Wüste errichtete, heißt es, dass er es als Kopie seiner Vision baute (Hebräer 8,5; 10,1). Er muss die Stadt gesehen haben, er sah das wahre Heiligtum und errichtete dessen Schatten. Mose war ein Mann des Glaubens. Er wusste, dass es nicht in erster Linie um das Zelt in der Wüste ging; dieses Heiligtum wies auf etwas anderes hin. Der Glaube war immer schon der Schlüssel und das Heiligtum weist immer auf den Größeren hin, «den Wahren», auf die Person hinter dem Schatten. Der Autor versucht sie durch diesen Brief davon zu überzeugen, dass sie nicht umkehren können. Es geht ihm nicht darum, dass sie nicht mehr den Judaismus praktizieren oder aufhören, jüdisch zu sein. Jesus sagt zu ihnen: «Kommt ganz her zu mir, kommt zu mir.» Er sagt: «Ich bin die Erfüllung. Die ganze Zeit ist es um mich gegangen.»

Als er nach Israel kam und zu ihnen in der Synagoge sprach, sagte er zu ihnen: «Denn wenn ihr Mose glaubtet, dann würdet ihr auch mir glauben; denn ich bin es, von dem er geschrieben hat» (Johannes 5,46). Einige wenige sagten Ja zu ihm und diese wenigen fingen dann an, wegen der Verfolgung in ihrem Glauben zu wanken.

Wir können nicht zurückgehen

In vielen Teilen der Welt werden Christen heute verfolgt, aber hier im Westen können wir nicht wirklich nachvollziehen, was diese Gläubigen durchmachen. Hier werden wir von Ablenkung, Langeweile, Angst und Sorgen herausgefordert. Dies sind die Dinge, die uns unter Druck bringen (Lukas 21,34-36) und für Spannung sorgen. Es gibt einen Unterschied, wie wir den Inhalt dieser Kapitel in der heutigen Zeit für uns anzuwenden haben, aber die Wahrheit bleibt dieselbe. Für wen hältst du Jesus (Matthäus 16,15)? Offensichtlich weist alles auf Jesus hin.

Am Ende der Zeit läuft alles auf einen Mann hinaus und die ganze Erde wird sich nur mit einem Mann beschäftigen. Es wird darauf hinauslaufen: Was sagst du, wer er ist? Für wen hältst du ihn? Was hat er deiner Meinung nach getan? Ist er der einzige Weg zu Gott? Ist er die einzige Wahrheit? Wir sind nicht versucht, zum Alten Bund zurückzukehren, sondern uns dem Humanismus oder dem Universalismus zuzuwenden. Manche denken: «Vielleicht gibt es mehr als einen Weg.» Andere sind nicht versucht, die Wahrheit der Rettung in Jesus aufzugeben, aber sie hören auf, ein tieferes Verstehen zu erreichen. Viele im Leib Christi fallen in diese Kategorie des inneren Rückzugs.

Dieser Abschnitt im Hebräerbrief betrifft auch jene von uns, die versucht sind, sich treiben zu lassen und Jesus aus der Ferne zu lieben. Wir geben unseren Hauptlebenszweck auf, ihn von ganzem Herzen, mit ganzer Seele, ganzem Denken und mit aller Kraft zu lieben. Unmerklich verlieren wir den Glauben, dass er uns beobachtet und hören auf, vor seinen Augen zu leben. Hie und da schleicht sich ein kleiner Kompromiss ein und im Laufe der Zeit wird das Herz kalt. Einst gaben wir uns ihm leidenschaftlich hin und waren bereit, alles für ihn aufzugeben, aber jetzt sind wir bequem und selbstzufrieden geworden. Einst hatten wir eine Lebensvision, die tiefsten Dinge zu kennen, die er uns geben würde, aber jetzt beten wir nur selten oder lesen in der Schrift, wo diese tiefen Dinge offenbart werden. Darin besteht unser jetziger Kampf. Wir befinden uns an einer gefährlichen Stelle, denn wenn wir einmal beginnen abzurutschen, geht es ganz allmählich und fast unmerklich bergab. Mit der Zeit verlieren wir unser Zentrum, nämlich Jesus, und auch unseren Glauben.

Ausdauer gesucht

Die Versuchung aufzugeben ist eine unserer größten Versuchungen. Wir sind versucht, unser eifriges Streben nach einem tieferen Leben in Jesus aufzugeben, nicht weil wir verfolgt werden, sondern weil wir andere Dinge mehr lieben und diese falsche Liebe übernimmt nach und nach den heiligen Raum unseres Lebens. Häufig ersticken die Sorgen der Welt den Samen des Wortes, das früh in unserer Beziehung zu Jesus Wurzeln schlug (Lukas 8,13-14). Manchmal ermüdet uns der Kampf und wir wollen aufhören, aus ganzem Herzen leben zu wollen, weil es zu anstrengend erscheint. Das hat zur Folge, dass wir von unserem Hauptlebenszweck abweichen und uns mit der Zeit in der Dunkelheit wiederfinden.

Der Wunsch aufzugeben ist weit verbreitet und das nicht nur bei Christen. Wie oft hört man jemand sagen: «Ich möchte einfach aufhören»? Man weiß nicht einmal, womit man aufhören möchte – man will einfach aufhören, seine Ziele zu verfolgen. Wir neigen dazu Schluss zu machen, nicht mehr mitzumachen und einfach aufzugeben. Jeder von uns hat dieses Problem zu verschiedenen Zeiten aus unterschiedlichen Gründen. Vielleicht schmerzt uns eine Enttäuschung oder wir sind es satt zu arbeiten, ohne dafür gewürdigt zu werden oder missverstanden und übersehen zu werden. Oft ist es nur unser bloßes, fleischliches Verlangen, uns zu verhätscheln. Wir wollen «aussteigen» und «dahinvegetieren». Manche würden am liebsten den ganzen Tag vor dem Fernseher hocken und sich Filme anschauen, andere wollen Videospiele spielen, futtern, Tagträumen nachhängen oder sich selbst unterhalten. Einige dieser Dinge sind angemessen, aber wenn man sie übertreibt, verursachen sie großen Schaden. Ein wirklich großer Teil der Menschen ist kurz davor, müde und entmutigt aufzugeben. Unter Gläubigen läuft es nicht anders. Wie oft höre ich meine Freunde sagen: «O, ich kann einfach nicht mehr. Ich will aufhören.» Manchmal habe ich mich in meinem Herzen genauso beschwert.

Es gibt eine Müdigkeit, die mit den Härten des Lebens einhergeht und uns Durchhaltevermögen abverlangt. Je länger wir leben, desto mehr Ausdauer brauchen wir, denn der Kampf wird nicht leichter. Obwohl wir lernen und wachsen und oft andere Schlachten führen, sind wir weiterhin im Krieg und können ihn nicht vermeiden.

Die meisten von uns werden nicht verfolgt. Ich möchte schon aufgeben, weil ich mich einfach langweile – das reicht, mich zum Aufgeben zu bewegen. Was wäre, wenn ich wirklich verfolgt würde? Als dieser Brief verfasst wurde, wurden die hebräischen Gläubigen körperlich, finanziell und emotional verfolgt. Unsere Versuchung hingegen besteht vielfach aus Langeweile! So schwach und unreif sind einige von uns. Ich schaue mir diesen Abschnitt im Hebräerbrief an und denke: «Ich benötige Ausdauer! Verglichen mit vielen auf der Welt habe ich es so leicht und trotzdem will ich aufhören? Ich lebe in einem freien Land, ich besitze eine Bibel in meiner Muttersprache – nein, ich habe sogar mehrere Bibeln. Mir steht großartige Lehre gottesfürchtiger Menschen der Geschichte zur Verfügung – ich habe Zugang zu Wissensressourcen. In meiner Gemeinde habe ich gute Lehrer und Umgang mit Menschen, die Jesus lieben. Ich habe keinen Mangel an Nahrung, Wasser, Kleidung und Transportmitteln. Mein Leben ist komfortabel. Ich verstehe meinen Lebenszweck und habe die nötigen Werkzeuge, ihn zu verwirklichen. Wenn ich jetzt schon versucht bin aufzugeben, wie werde ich erst überleben, wenn große Erschütterungen kommen? Ich benötige dringend Ausdauer!»

Wir brauchen Durchhaltevermögen, wenn wir uns langweilen und die große Erschütterung kommt. Diese kommt gewiss, und es gilt durchzuhalten, damals wie heute. Wenn wir schon dem jetzigen Druck nicht standhalten können, werden wir an jenem Tag erst recht nicht bestehen. Der Herr gibt uns nach und nach kleine Prüfungen, um uns zu stärken und zur Reife zu bringen. Sie sind nicht vergeblich.

Der Autor des Hebräerbriefes sagt im Hinblick auf diese Gläubigen: «Ihr könnt euch doch nicht zurückziehen. Ihr braucht Ausdauer. Da ihr die Wahrheit kennt, folgt ihr.» Glaube ist aktiv. Wir glauben eine Reihe von Glaubenssätzen, die dann in Taten resultieren. Glaube und Treue gehen Hand in Hand. Wir sind berufen, jahrzehntelang treu zu sein und das zu verwirklichen, woran wir glauben – nicht nur einen Sommer lang oder so lange wir in der Bibelschule sind, nicht nur ein paar radikale Jahre lang, sondern jahrzehntelang. «Wenn er kleinmütig zurückweicht, hat mein Herz kein Wohlgefallen an ihm» (Hebräer 10,38), lesen wir in der Schrift. Wenn wir es uns zum Lebensziel gemacht haben, ihm zu gefallen (2. Korinther 5,9), müssen wir als Erstes glauben, dass er wirklich da ist und uns sieht. Dann müssen wir darauf vertrauen, dass er uns belohnen wird, und schließlich müssen wir uns eifrig und beharrlich bemühen, ihn zu suchen.

Die große Wolke der Zeugen

Hebräer 11 ist die große Ehrenhalle der Gläubigen. Wenn ich entmutigt oder voller Selbstmitleid bin, nehme ich gerne die Bibel in die Hand und lese das Kapitel 11. Hier werden nacheinander Männer und Frauen vorgestellt, die treu bis zum

Ende ausgehalten hatten, weil ihre Vision größer als nur der Augenblick war.

Ein gravierendes Problem des Glaubens ist die Diskrepanz zwischen dem, was ich jetzt sehe, und was ich für die Zukunft glaube – was ich für meine zukünftige Heimat halte. Der Glaube fordert mein Herz aufs Äußerste heraus zu sagen: «Ich weiß, dass am Leben mehr dran ist, als was ich erlebe, mehr als diese banale, alltägliche Routine. Am Leben ist mehr dran, als was ich sehe. Dieser Augenblick ist wichtig und bedeutsam, weil jemand – Jesus – mich beobachtet. Ich bin auf dem Weg zu einer ganz konkreten Stadt, wo Belohnungen, Herrlichkeit und Gewänder des Lichts auf mich warten. Ich habe ein Ziel. In diesem Leben bin ich nur als Missionarin und Botschafterin auf der Durchreise, aber ich schlage hier nicht mein Zelt auf, weil ich nicht hierbleibe. Mein diesseitiges Leben ist nicht das eigentliche.» Die großen Männer und Frauen des Glaubens haben sich zielstrebig auf den Weg gemacht und sahen sich als Pilger und Fremde in diesem Leben (1. Petrus 2,11).

Hast du einen Blick auf diese Stadt erhascht, zu der du gehst? Ehrlich gesagt schaffe ich es nur mit Anstrengung, einen flüchtigen Blick darauf zu werfen und muss mich manchmal sehr darum bemühen. Um Mike Bickle zu zitieren: «Wenn man nicht richtig über den Himmel denkt, wird man nicht oft über ihn nachdenken.»

Ich brauche eine größere Offenbarung über die Zukunft. Ich muss mich selbst daran erinnern, dass ich ein Ziel habe und dass diese Welt nicht meine Heimat ist. Es ist anstrengend für mich zu glauben; immer wieder rücke ich mein Herz zurecht und richte meine Seele auf. Wenn mich die Sorgen dieses Lebens bedrücken und ich denke: «Etwas Besseres kann ich nicht erwarten», muss ich die Augen erheben und immer wieder meine Gedanken auf die Dinge oben richten.

Diese Männer und Frauen des Glaubens wussten, dass es eine zukünftige Stadt gab, auf die sie zugingen. Sie erwarteten nicht nur den Messias, sondern freuten sich auch auf eine Stadt. Sie hatten die Idee erfasst, dass sie auf einen konkreten Ort zustrebten und identifizierten sich daher als Bürger jenes Ortes und nicht der Welt. «Die Welt war ihrer nicht wert», heißt es in Hebräer 11,38. «Durch Glauben hat Noah ... in Besorgnis um die Dinge, die noch nicht sichtbar vor Augen lagen, eine Arche ... gebaut» (V. 7). 120 Jahre lang harrte er im Glauben aus. Wie bitte? Ist das ein Scherz? Wie konnte er 120 Jahre lang ein Schiff bauen und gleichzeitig den Spöttern Gerechtigkeit predigen? Mir fällt es schwer, 120 Tage lang für etwas zu beten, ehe ich aufgeben möchte. Dieser Mann war ausdauernd. Der Glaube besteht nicht nur aus einem Augenblick der Aufregung. Glaube ist konsistent. Noah war von Gottesfurcht getrieben, das heißt er wusste, dass Gott ihn beobachtete, und das ließ ihn treu ausharren. Durch den Glauben wartete Abraham auf die Stadt mit den Grundmauern, deren Erbauer und Werkmeister Gott ist (V. 10). Zwar befand er sich im Land, wanderte aber in einer Wüste umher und baute die irdische Stadt nicht, weil er nach einer anderen Stadt Ausschau hielt und sich sagte: «Hier bin ich fremd.»

Wir sind nicht deshalb «Fremde», weil wir uns ausklinken und andere vergessen, sondern wir sind Pilger und Missionare. Wir sind als Botschafter zu einer Mission berufen. Mein Auftrag als Botschafterin ist, der Welt zu sagen, dass es mehr gibt, als auf den ersten Blick erkenntlich ist. Am Leben ist mehr dran. «Möchtest du zur Hochzeit kommen?», verkündige ich. «Möchtest du zu dieser herrlichen Stadt kommen?» Wir gehen auf die Straßen und in die Gässchen, zu den Reichen und den Armen, den Guten und den Bösen und sagen: «Kommt alle zur Stadt, ihr seid eingeladen zur Ehe, zur Hochzeit, kommt zum Echten» (Matthäus 22,4). Dieses ganze Leben ist ein Schatten des zukünftigen Zeitalters. Du befindest dich im Mutterleib von morgen, im Schoß der Ewigkeit. An deinem Leben ist mehr dran, als was du siehst. Das Jetzige ist wichtig, ja entscheidend, aber Gott geht es um etwas Ewiges. Deshalb gehen wir zur Welt und laden die Menschen ein, zur Hochzeit zu kommen. Das ist unser Auftrag. Die uns so vertraute Welt ist nicht unsere Heimat, sondern wir sind Fremde im fremden Land: Sobald du wiedergeboren bist, bist du Staatsbürger eines anderen Landes. Nach dieser Stadt, nach diesem Heimatland halte ich Ausschau. Diesen Ort suche ich und ich möchte so viele Menschen wie möglich mit mir in jene Stadt mitbringen.

Ihn, den Unsichtbaren sehen

Durch Glauben gab Mose Ägypten auf (Hebräer 11,23-29). In unserer Kultur lehren wir manchmal, dass Glaube Geld, Bequemlichkeit, Heilung, Glück und Wohlstand bedeutet. Darin steckt etwas Wahres - aber der Segen kommt nicht immer dann, wenn wir ihn erwarten. Man schaue sich nur an, wozu der Glaube Mose trieb. Als Enkel des Pharaos hätte er es sich im Palast bequem und gemütlich machen können. Er hätte dort das Leben in vollen Zügen genießen und sich sagen können: «Gott hat mich gesegnet.» Stattdessen identifizierte er sich mit seinem Gott und seinem Volk und zog das Leiden vor. Die Schrift sagt tatsächlich, dass er es vorzog, mit seinen Geschwistern zu leiden und dass er «entschlossen seinen Weg ging, weil er auf den sah, der unsichtbar ist» (V. 27; NGÜ). Mir gefällt dieser Ausdruck. Er sah den Unsichtbaren und sagte deshalb: «Ich möchte lieber mit deinem auserwählten Volk leiden und ein Leben des Leidens in der Gewissheit ertragen, dass du mich beobachtest. Das ist mir lieber, als die Schätze Ägyptens zu haben. Du bist unsichtbar, aber du schaust zu, und das ist wichtig und zählt für mich. Ich möchte lieber jetzt leiden, als aktuell im Königspalast zu leben und im nächsten Zeitalter zu leiden.» Mose konnte eins und eins zusammenzählen; er wusste, dass er ein Ziel hatte. Und der Herr sagte: «Das ist Glaube. Das ist Gerechtigkeit.»

Unter den Dingen, die diese Männer und Frauen in Hebräer 11 ertrugen, war viel Gutes: Sie waren stark im Kampf, einige ihrer Toten wurden zum Leben auferweckt und sie erlebten große Wunder. Aber es heißt auch, dass sie gefoltert wurden und die Befreiung ablehnten, weil sie eine bessere Auferstehung wollten. Einige hatten große Schwierigkeiten, andere wurden verhöhnt. Manche wurden ausgepeitscht und geschlagen, in Ketten gelegt und gequält und sogar getötet. Sie erlebten Gutes und Schreckliches. Manchmal wurden die Toten auferweckt und manchmal nicht. Egal was, sie hielten durch. Die Welt war ihrer nicht würdig.

Diesen Männern und Frauen, die mit dem Gedanken spielten, ihren Glauben aufzugeben, sagte der Verfasser des Hebräerbriefes: «Ihr wollt euch doch nicht etwa wirklich zurückziehen?» Dann malt er ihnen das Bild dieses großen Amphitheaters voller Männer und Frauen aus, die vor ihnen gelebt hatten und dieses Rennen im Glauben gelaufen waren: «Schaut mal, es ist möglich», sagt er. «Sie haben es schließlich geschafft und sie sind wie ihr. Sie hatten genau so eine Natur wie ihr (Jakobus 5,17). Sie waren keine Übermenschen, sie waren wie ihr. Sie taten es durch den Glauben. Auch ihr könnt es – jawohl, ihr könnt es!» Er malt dieses Bild. «Was ich von euch verlange, ist nicht zu schwierig für euch. Schaut auf diese große Wolke der Zeugen!» Er führt sie einfach einen nach dem anderen auf. «Seht mal! Ihr stammt von einem Geschlecht von Menschen des Glaubens ab, die euch vorausgegangen sind.»

Bei diesem Wettkampf messen wir uns nicht an den Menschen unserer Generation. Ich schaue nicht nach links und rechts und sage: «Nun, eigentlich liege ich ganz gut im Rennen. Verglichen mit den anderen bin ich etwas radikaler.» Nein, ich laufe mit Mose, Abraham und dem Lieblingsjünger Johannes, mit Elia und Johannes dem Täufer um die Wette. Das sind die Leute, mit denen ich mich vergleichen möchte. Schau auf diese große Wolke der Zeugen, die im Glauben bis zum Ende ausharrten.

Laufe im Wettkampf

> So wollen denn auch wir, da wir uns von einer solchen Wolke von Zeugen umgeben sehen, alles, was uns beschwert, und besonders die uns so leicht umstrickende Sünde ablegen und mit standhafter Ausdauer in dem uns obliegenden Wettkampfe laufen.
>
> Hebräer 12,1

Diese Männer und Frauen sind auf zweierlei Weise Zeugen. Erstens sind sie Zeugen dafür, dass ein siegreicher Kampf möglich ist. «Wir haben es getan!», feuern sie uns an. «Ihr könnt es auch!» Zweitens schauen sie uns als Zeugen zu. Sie haben eine Generation nach der anderen beobachtet, aber es gibt eine Generation, die diesen Wettkampf beenden wird, der vor 6 000 Jahren begann. Es ist ein Staffellauf und das Staffelholz ist von einer Hand zur nächsten gereicht worden, von einer Generation zur nächsten. So wie das Staffelholz des Glaubens weitergereicht worden ist, hat sich der Name von Jesus wie eine wilde Kletterpflanze über die ganze Welt verbreitet. Es wird eine Generation geben, die das Rennen beendet, und zwar stärker, als es begann. Das garantiere ich dir.

Den frühgemeindlichen Christen sagt der Verfasser des Hebräerbriefes: «Schaut euch im großen Amphitheater um. Schaut nicht auf den Nachbarn, nicht nach links oder nach rechts. Vergleicht euch nicht miteinander. Schaut nach oben und schaut euch dort um! Ihr seid unter den Mächtigen, unter den Starken aufgeführt. Ihr seid unter den Edlen und den Treuen aufgeführt. Lauft im Wettkampf! Schaut euch um und seht die große Wolke der Zeugen, und lasst uns dann mit Ausdauer laufen!» Die Schrift spricht dieselbe Botschaft zu uns heute.

Schau auf Jesus

> ... indem wir dabei hinblicken auf Jesus, den Urheber und Vollender des Glaubens, der um die vor ihm liegende Freude zu erlangen, den Kreuzestod erduldet und die Schmach für nichts geachtet, dann sich aber zur Rechten des Thrones Gottes gesetzt hat.
>
> Hebräer 12,2

Nach der Auflistung all dieser großen Männer und Frauen des Glaubens steigert sich die Intensität. Diese hebräischen Gläubigen erwärmten sich jetzt für die Botschaft und wurden in ihrem Geist allmählich mutiger. «Schaut auf Jesus!», heißt es dann. «Jesus ist der Urheber, der Vollender unseres Glaubens, der das Kreuz erduldete, um die vor ihm liegende Freude zu erlangen.»

Manche Leute interpretieren diesen Vers, als sei Jesus das Rennen für uns gelaufen, damit wir jetzt einfach mit befördert werden. Dem ist nicht so. Jesus betrat die Kampfbahn als Mensch und zeigte uns, wie man läuft. Schau dir Jesus an, aber nicht nur flüchtig. Studiere ihn, denke über ihn nach, lerne ihn kennen. Weißt du, wie sein Leben aussah? Wie er vor dem Vater lebte, vor den Menschen? Wie er ein- und ausging? Wie er sein Schicksal, seine Bestimmung entdeckte? Woher er seine Kraft erhielt? Was für ein Wertesystem er hatte? Jesus anzusehen bedeutet, ihn zu studieren und ihn zu «essen». Komm durch die Schrift und den Geist zu ihm und schau auf ihn. Er zeigte uns, wie man rennt, aber er rannte nicht für uns.

Unsere Rettung ist ein reines Geschenk an uns, aber hier geht es nicht um unsere Rettung, sondern um die Zeit danach, in der wir Ausdauer brauchen, weil wir ein Wettrennen zu laufen haben. Schau auf Jesus. Kopiere ihn, sinne über ihn nach, übertrage ihn auf dein Leben. Schwelge in ihm Tag und Nacht. Ahme ihn nach, bis du ganz zu seinem Ebenbild wirst. Er hat dir gezeigt, wie du rennen sollst. Er kämpfte den Kampf treu in Gehorsam gegenüber seinem Vater. Trotz seines Leidens zog er sich nicht zurück. Er hörte nicht auf und gab nicht auf. Es war die Freude, die vor ihm lag, die ihm Kraft zum Aushalten gab. Auf dieselbe Weise werden du und ich durchhalten.

Das Wichtigste beim Durchhalten ist, dass wir in Demut fortwährend in kleinen Dingen treu sind. Dreiunddreißig Jahre lang übte sich Jesus im Durchhalten, ehe er ans Kreuz ging. Das Wesen der Beharrlichkeit liegt darin, Gott ständig treu nachzujagen und ihm selbst unter frustrierenden Umständen oder bei Widerstand in Kleinigkeiten zu dienen. Jesu Ausdauer drückt sich in seiner Demut aus. Er zeigte uns den Weg der Demut. Sein Ziel ist es, die Erde mit freiwilliger Liebe und Demut zu erfüllen, die für immer andauern.

Demut ist die größte Tugend. Sie rüstet uns für die innige Verbundenheit mit Jesus, weil er von Herzen demütig ist. Das einzige Mal, wo Jesus sich selber beschreibt, ist in Matthäus 11,29, als er von sich sagt, er sei sanftmütig und von Herzen demütig. Das sollten wir von ihm lernen, sagt er. Sein Durchhaltevermögen war keine Sache der Kraft. Wir meinen oft, dass der Stärkste unter uns am besten durchhalten kann. Jesu Beharrlichkeit war eine Frage seiner Sanftmut und des Durchhaltens bis zum Ende und auch bei unserem Wettkampf geht es darum.

Es gibt viele Stellen in der Schrift, die über Jesu Beharrlichkeit und Geduld reden. Er brauchte nicht als Gott durchzuhalten, weil Gott keine Hindernisse kennt, sondern als Mensch. Er hielt in geduldiger Beharrlichkeit aus. Jesaja 49 stellt die wunderbare Wahrheit der Ausdauer Jesu dar. Dort erhaschen wir einen Einblick in das Herz dieses Mannes und sehen, was ihn zum Aushalten motivierte.

Jesus war verborgen (Jesaja 49,1-12). Selbst zu seinen Lebzeiten auf Erden war er verborgen und auch heute ist er es noch, weil ihn die meisten nicht erkennen. Er war gerne klein und dies schockierte Jesaja. Das vermittelt uns Einsicht in Gottes

Herz und was er sich von uns wünscht. Gerne würde ich hier ausführlicher über die Demut und die Dienstbereitschaft Jesu schreiben. Es ist eins meiner Lieblingsthemen, und es wäre auch für dich gut, dich im Gebet und Bibelstudium eingehend mit diesem Teil seiner Persönlichkeit zu befassen. Wenn wir seine Ausdauer in kleinen Dingen sehen, führt das dazu, dass wir ihn noch mehr lieben und ihn nachahmen wollen, um ihm dieselbe Art der Treue zu geben, die er gab.

Paulus betete für die Gemeinde in Thessalonich, dass ihre Herzen in die Geduld Christi gelenkt würden (2. Thessalonicher 3,5). Das Wort Geduld ist hier dasselbe wie Beharrlichkeit. Das Ausharren Christi handelt nicht nur vom täglichen Stress und von Versuchungen; es bedeutet nicht nur, bei der täglichen banalen Routine des Kleinkrams stark zu bleiben, wo uns niemand unterstützt oder bestätigt. Es bedeutet mehr: nämlich unser Werk zu beenden und nicht aufzuhören, bis es fertig ist.

Jesus sagte: «Ich habe das Werk beendet. Ich habe dabei nicht aufgehört. Bis zum letzten Atemzug habe ich das Werk getan, zu dem ich gesandt wurde» (siehe Johannes 17,4). Paulus besaß dieselbe Vision eines positiven Endes: «Ich vollende meinen Lauf mit Freuden» (Apostelgeschichte 20,24; Schlachter). Ihm widersetzten sich eine ganze Reihe von Gläubigen, aber am Ende sagte er: «In ganz Asien haben sich Gläubige abgewandt, aber ich mache unbeirrt weiter und richte mich nicht nach den Reaktionen der Leute. Bis zum Ende gebe ich hundert Prozent.»

Auch angesichts von Schwäche und Geringfügigkeit möchte ich den Wettkampf bis zum Schluss kämpfen. Ob mein Dienst groß wird oder klein ist, ob ich wenig oder viel Geld habe, ob ich langes oder kurzes Leben habe, ich will meinen Auftrag so oder so treu bis zum Ende ausführen. Die Schrift sagt, dass wir das verlieren können, was wir uns erarbeitet haben, wenn wir nicht achtgeben (2. Johannes 8). Jesus wird bis zum letzten Tag meines Lebens zu mir darüber reden, wie ich damit umgegangen bin.

Jesus lebte in der Verborgenheit und ertrug es, klein zu sein, und das ist auch uns bestimmt. In Kolosser 3,3-4 heißt es, dass unser Leben zusammen mit Christus in Gott verborgen ist und wenn er offenbar werden wird, werden wir es auch. Die Herrlichkeit meines Lebens ist mit Jesus verborgen. Es ist noch nicht ersichtlich, was die Wahrheit über mein Leben ist und wie es Gott trotz seiner Schwachheit bewegt. Bis zum nächsten Zeitalter wird die Herrlichkeit unseres Lebens uns nicht offenbart werden. Sie ist verborgen, bis Jesus weltweit offenbart wird.

So schwach unsere Liebe und Demut auch sind, Gott findet sie herrlich und sagt: «Ich werde dir zeigen, wie sehr sie mich bewegt haben. Ich werde dir zeigen, wer du bist.» Wusstest du, dass die Person, die dich am meisten missversteht, du selber bist? Du hast dich selbst abgeschrieben. Dabei ist Jesus davon bewegt, wie du ja gesagt hast. Du magst das für dumm halten, aber der Herr sagt: «Sag das nicht. Selbst dir wird an jenem Tag die Herrlichkeit deines Lebens gezeigt werden. Bleib bloß auf Kurs.»

Hebräer 11,6 ist ein gewaltiger Vers: «Ohne Glauben aber kann man Gott unmöglich wohl gefallen; denn wer sich Gott nahen will, muss glauben, dass es einen Gott gibt und dass er denen, die ihn suchen, ihren Lohn zukommen lässt.» Du musst glauben, dass er existiert und dir antwortet und dich belohnt. Das Wesen eines Glaubens, der zur Treue führt, ist die Zuversicht, dass Gott dir zuschaut, wenn es sonst niemand tut. Selbst wenn die Sache klein erscheint und es kaum etwas ausmacht – doch Gott erreichst du.

Unsere Gebetszeit ist gelegentlich langweilig, die Bibel oft verwirrend. Manchmal spüren wir die Gegenwart des Geistes nicht in unseren Herzen. Es fehlt an Geld und wir haben Bedürfnisse. Der Körper ist müde. Freunde und Familie schütteln den Kopf, aber wir tun den Willen Gottes, weil wir glauben, dass er zuschaut. Wir glauben, dass es ihn gibt, und das bewegt ihn. Wir glauben, dass es ihn bewegt und er wird in seiner Zeit antworten. So machte es Jesus! Er fordert uns zu nichts auf, was er nicht selber tat. Er tat es vollkommen.

Urheber unseres Glaubens

Jesus ist der Urheber des Glaubens – er hat ihn erfunden! Wenn ich mir manchmal das Leben anschaue, richte ich den Blick nach oben und denke: «Du hättest doch alles nach Belieben arrangieren können. Du hättest uns retten und dann im Nu vollkommen machen können. Warum der Prozess? Warum das Wettrennen nach der Rettung?» An seiner Stelle hätte ich die Menschen einfach gerettet, getötet und in den Himmel genommen. Aber er verwendet den Weg des Prozesses.

Als Urheber unseres Glaubens sagt er: «Ich werde dich durchs Feuer und den Sturm führen. Du bist wie ein Klumpen Ton und ich werde dich gestalten, bis du in mein Ebenbild geformt bist.» Das war seine Idee und dann lebte er sie tatsächlich aus, damit er unser Hohepriester sein konnte, der mit uns Mitleid haben kann (Hebräer 4,15).

Schau auf Jesus, sinne über ihn nach. Er lief den Wettkampf nicht bloß als Gott, sondern vor allem als Mensch. Das verleiht ihm Würde. Deshalb können wir ihn anschauen und nachahmen. Deshalb ist er unser Hohepriester, der für uns Fürbitte leistet, denn er tat es als Mensch, um uns zu zeigen, wie man es macht.

Müde und enttäuscht

> Ja, denkt an ihn, der solche Anfeindungen von den Sündern gegen sich geduldig ertragen hat, damit ihr im Lauf nicht ermattet und euren Mut nicht sinken lasst!
>
> Hebräer 12,3

Man kann den Drang zum Aufgeben nur durch das ständige Schauen auf Jesus bekämpfen. Ich fühle mich häufig müde und mutlos in meiner Seele. Mein Herz beschwert sich: «Das kann ich nicht. Es ist zu schwierig. Immer diese Anstrengung und dieser Wettkampf – ich kann einfach nicht mehr. Ich möchte mal eine Weile im Leerlauf verbringen. Wie wär's, wenn ich mal Pause mache und anderen beim Rennen zusehe? Ich habe die Härten des Glaubens satt.»

Die meisten Menschen geben das Rennen aus Entmutigung und Müdigkeit auf. Nicht umsonst nennt man es ein Rennen oder einen Wettkampf. Ein Wettkampf deutet an, dass man eine gewisse Energie aufwenden muss. Jesus verwendete das Wort «gewaltsam» (Matthäus 11,12) und Paulus sprach vom Kampf des Glaubens (1. Timotheus 1,18; 6,12). Wo steht denn, dass man als Christ einfach alles umsonst erhält? Man muss sich anstrengen, um zu empfangen. Verdienen tun wir uns nichts; wir versuchen nicht, in einen Raum zu gelangen, in dem wir uns schon befinden. Aber die Sünde und die Welt haben uns umgarnt und beschwert und wir müssen uns anstrengen, die Ablenkungen abzustreifen, damit wir von Gott empfangen können. Man muss sich bemühen, um in die Ruhe einzutreten.

In Matthäus 11,12 sagt Jesus: «Aber seit dem Auftreten Johannes des Täufers bis jetzt bricht das Himmelreich sich mit Gewalt Bahn, und die, welche Gewalt anwenden, reißen es an sich.» Ein paar Verse später schaut er dann zum Himmel und betet sinngemäß: «Danke, Vater, dass selbst Kinder das tun können» (Vers 25). Danach folgt sein bekanntes Zitat: «Mein Joch ist sanft und meine Last ist leicht» (Vers 30).

Früher habe ich das immer gelesen und mich gefragt: «Was ist es denn nun – ist es gewaltsam oder ist es sanft und leicht? Was meint er?» Der gewaltsame Teil besteht im Anlegen des Jochs der Sanftmut, denn alles in uns ist arrogant. Wenn man erst einmal zu hundert Prozent in diesem Joch ist und nichts mehr zurückhält, erlebt man, dass es leicht zu tragen ist.

Schwierig ist nur die Halbherzigkeit: Ich möchte mehr oder weniger rechtschaffen sein, aber auch weiter sündigen können. Oder: Ich hasse das Böse in mir, bis auf diese kleine Ecke der Dunkelheit. Die Schlacht wird oft über die letzten zehn Prozent ausgetragen. Hier findet der eigentliche Kampf statt und man muss sich anstrengen, wenn man in diesem Rennen laufen möchte.

Durch Leiden erzogen

> 5 ... achte die Züchtigung des Herrn nicht gering... 6 denn wen der Herr lieb hat, den züchtigt er ... 7 Haltet standhaft aus, um euch erziehen zu lassen! Gott verfährt mit euch wie mit Söhnen ... 11 Jede Züchtigung scheint uns freilich für den Augenblick nicht erfreulich, sondern betrübend zu sein; hinterher aber lässt sie denen, die sich durch sie haben üben lassen, die friedvolle Frucht der Gerechtigkeit erwachsen.
>
> Hebräer 12,57;11

Häufig werden wir durch Leiden und stressige Situationen erzogen – nicht nur, aber auch. Falls deine Theologie keine Leiden zulässt, wirst du vor einem Rätsel stehen. Manchmal ist Gott die Ursache von Stress in deinem Leben und dann wieder verschafft er dir Entspannung. Du weißt erst im Nachhinein, was im Einzelfall zutraf. Gott ist an dir als ewigem Menschen interessiert. Er weiß, wie alles enden wird, wohin du gehst und wie er dich am besten formt und gestaltet. Manchmal verwendet er Feuer, dann wieder Druck und Leiden. Der Schmerz kann verschiedener Art sein – emotional, körperlich, im Bereich der Finanzen oder auf Beziehungsebene. Unser biblisches Fundament sollte so tief gehen, dass es Gott erlauben kann, uns durch solche Schwierigkeiten zu verändern, ansonsten würden wir an ihm Anstoß nehmen.

Nicht nur wir persönlich, sondern auch der Erdkreis wird große Erschütterungen von der Hand Gottes erleben (Haggai 2,6). Als dein Schöpfer liegt ihm mehr daran, dich in eine sanftmütige Person zu verwandeln, als dir zu geben, was du jetzt unbedingt haben möchtest (Matthäus 5,5). Er möchte dir im nächsten Zeitalter die Erde überreichen können. Vergiss nie, dass du hier fremd bist; auf deinem Weg durchs Leben steuerst du auf ein Ziel zu. Dabei möchte er dich umgestalten und dich auf das vorbereiten, was er dir jetzt und für immer geben möchte. Verlieren wir das aus den Augen, sind Schwierigkeiten und Leiden völlig sinnlos. Dann klagen wir ihn schnell an: «Warum ist mir das widerfahren, wenn du so gut bist? Wo warst du? Warum greifst du nicht ein, wenn du so mächtig bist?» Wir beschuldigen Gott, anstatt seine Hand zu erkennen, wenn wir uns mit etwas herumschlagen. Oft taucht er plötzlich auf und greift durch ein Wunder ein, das uns in Staunen versetzt – und manchmal tut er es nicht.

Zweimal erkrankte ich an Krebs, einmal mit neunzehn und dann sieben Jahre später noch einmal. Das erste Mal wollte ich Gott als Heiler kennen, weil ich glaube, dass er heilt. Ich las John G. Lake und andere Glaubensprediger und versuchte, ihn für mich persönlich als Heiler zu beanspruchen. Tapfer zitierte ich die Schrift, beharrte auf ihr, glaubte von ganzem Herzen, aber was geschah? Gott heilte mich nicht, jedenfalls nicht durch ein Wunder. Als Neunzehnjährige musste ich mich mehreren Operationen und der Chemotherapie mit allem Drum und Dran, einschließlich des Haarverlusts, unterziehen. Gott ging es um etwas anderes.

Ich glaube, wir sollten dem Teufel widerstehen und jede Art der Dunkelheit bekämpfen. Dazu gehört auch Krankheit. Gott verursacht sie nicht, aber es gibt Zeiten, in denen er sie zulässt. Wir kämpfen und behaupten das Feld, aber letzten Endes müssen wir vorwurfslos zu ihm aufschauen und ihn bitten, unser Herz inmitten der Schlacht zu formen. Es ist nicht falsch, dass wir uns um die Vorteile bemühen, die von seiner Hand kommen - Heilung, Versorgung oder Wegweisung. Aber inmitten unseres Glaubenskampfes müssen wir ihm auch erlauben, unsere Herzen zu gestalten, egal wie die Umstände aussehen.

Manchmal verfalle ich einer humanistischen Sicht von Gott, die besagt, er wolle mich in diesem Leben vor allem gesund und glücklich machen - so als ob ich gerade hier und jetzt reich, glücklich, gesund und schön sein soll und alles haben sollte, was ich mir wünsche. Dann meine ich, er schulde mir diese Dinge, weil er gut ist. Wenn ich denke: «Hier ist meine Vorstellung davon, was gut ist» und ich sehe nicht das größere, ewige Bild oder das innere Wirken des göttlichen Töpfers, bin ich am Ende gekränkt. Darauf erwidert er: «O ja? Möchtest du wirklich, dass ich dich deiner Sünde überlasse - voll von deinen eigenen Plänen, egoistisch, selbstsüchtig und arrogant? Soll ich dich wirklich in diesem Zustand belassen, weil ich ‹so gut› bin? Wie wär's, wenn du es auf meine Weise tust und mir erlaubst, meine Liebe in dir zu formen, selbst wenn es manchmal durch Leiden geschieht?» (Römer 5,3-5; Jakobus 1,2-4).

Ich möchte seiner Herrschaft und Führung vertrauen, weil er einen anderen, besseren Plan hat. Er ist weit mehr als ich daran interessiert, in mir Demut, Sanftmut und Barmherzigkeit hervorzubringen. Nur weil ich selbst ein bisschen krank war, habe ich so viel Mitgefühl mit Kranken. Das soll nicht heißen, dass wir uns Krankheit wünschen oder sie akzeptieren. Ich weise sie im Namen Jesu zurück und glaube bis zuletzt an Heilung. Wir können nicht vorhersagen, was Gott tun wird. Aber letzten Endes müssen wir uns mit der Tatsache auseinandersetzen, dass er manchmal sofort heilt und dass es manchmal eine Verzögerung bei der Heilung gibt. Das trifft auf viele Bereiche unseres Lebens zu, nicht nur auf die Gesundheit. Er erzieht uns durch Druck, Stress und Leiden.

Jeder von uns hat seine eigene Geschichte, seine persönlichen Bereiche, die ihm Druck bereiten, den er nicht versteht. Wir alle haben unterschiedliche Probleme. Wir müssen Gottes Güte so definieren, wie er es tut. Gott ist so gut, dass er dem Druck und Leiden manchmal erlaubt, uns zu erziehen und zur Sanftmut zu bringen. So gütig und großzügig ist er, dass es Zeiten gibt, in denen wir zerbrochen werden, um schlussendlich demütig und dankbar, an unseren Geliebten gelehnt, aus ihnen hervorzugehen (Hohelied 8,5).

Schüttle das Selbstmitleid ab und renne weiter

> [12] Darum «richtet die erschlafften Hände und die ermatteten Knie wieder auf» [13] und «stellt für eure Füße gerade Bahnen her», damit das Lahme nicht ganz vom rechten Wege abkomme, sondern vielmehr geheilt werde.
>
> Hebräer 12,12-13

Wenn man eine falsche Sicht davon hat, wer Gott ist und was er uns angeblich schuldet oder wie das Leben sein sollte, kann das zur Entmutigung und zu einem zerbrochenen Wandel mit Jesus führen und mit einer verbitterten Seele enden. In diesen Versen sehen wir das Bild einer zusammengesackten, besiegten Person. Die erschlafften Hände signalisieren Selbstmitleid und die ermatteten Knie sprechen von Angst. Es ist ein Bild einer Person, die von Selbstmitleid und Angst gelähmt ist und sich als Opfer sieht. Wie oft bin ich in dieser Haltung gewesen und habe mich in meinem Herzen beschwert? «Gott lehnt mich ab. Niemand kümmert sich um mich. Niemand beachtet mich. Keiner versteht meinen Schmerz. Ich bin verwundet. Ich bin gekränkt! Die Gemeinde ist gemein zu mir. Ich bin krank und pleite bin ich auch.»

Unaufhörlich machen wir in einem Geist der Beschwerde weiter. Gott geht auf unser Selbstmitleid nicht ein, sondern sagt uns vielmehr, wir sollten uns stärken. Schüttle es ab und steh auf. Selbstmitleid ist ekelhaft. Unser Schmerz ist echt und Jesus hat großes Mitgefühl für uns, aber Selbstmitleid ist kein Ausweg. Man dreht sich nur endlos im Kreis. Jesus sagt: «Steh auf. Stärke dich.»

«Damit das Lahme nicht ganz vom rechten Weg abkomme.» Das Bild ist hier das eines Läufers, der sich das Bein beim Rennen ausrenkte. Ein ausgerenktes Bein muss zurechtgerückt werden oder es wird schief heilen. Das ist unglaublich schmerzhaft, aber notwendig. Wenn man es ausgerenkt belässt, wird der Schmerz mit der Zeit weggehen, aber man wird immer hinken. Es gibt Zeiten in unserem Leben, wenn unser Wandel mit Jesus einen Bruch erleidet. Vielleicht wurde er von etwas ausgelöst, was uns widerfuhr oder von etwas, was wir getan haben. Falsche Weltanschauungen über Gott oder das Leben führen oft zu einer Wurzel der Bitterkeit. Viele Dinge können dieses Hindernis verursachen, aber wir dürfen sie nicht ignorieren, wenn wir in Liebe bis zuletzt ausharren wollen. Enttäuschung, schmerzhafte Beziehungen, Unversöhnlichkeit, Habgier und viele andere Probleme führen zu diesem Bruch. Diese kleinen Dinge stellen dir in deinem Rennen Hindernisse in den Weg und führen dazu, dass du zum bloßen Zuschauer wirst oder vorzeitig aufgibst.

Bitterkeit

> ... und gebt Acht darauf, dass niemand hinter der Gnade Gottes zurückbleibe, dass keine Wurzel voll Bitterkeit aufwachse und Unheil anrichte und gar viele durch sie befleckt werden.
>
> Hebräer 12,15

Gib acht, dass du mit der Gnade Gottes richtig umgehst. Viele haben eine Lehre der Gnade, die besagt: «Mein Bein ist gebrochen, meine Arme sind schwach, ich bin kraftlos und habe Angst. Gott, du weißt, dass ich zerbrochen bin. Gnade, Gnade.

Gott sei Dank für Gnade! Seine Gnade birgt mich in meiner Zerbrochenheit.» Dann verbleiben sie einfach jahrzehntelang bezwungen an dieser Stelle!

Nein, du gehst mit der Gnade Gottes nicht richtig um. Seine Gnade gibt dir die Kraft aufzustehen und die Arme aufzurichten und das wiederherzustellen, was in deinem Leben zerbrochen ist. Was er von uns verlangt, ist nicht zu schwierig oder zu hart. Wenn wir behaupten: »Ich kann es nicht», missinterpretieren wir Gottes Charakter, weil wir sagen, dass er etwas Unmögliches von uns verlangt und zu streng und nicht gut ist. Nein! Er verlangt nicht von mir, dass ich etwas trage, ohne dass er mir dabei hilft. Er gibt mir keine Last, die zu schwer ist. Die Geschichte deines Lebens, die er dir gegeben hat, ist nicht zu schwierig. Er hat dir nichts gegeben, was zu schwer für dich zu tragen ist.

Steh auf und renne. Verfehle nicht die Gnade Gottes. Empfange sie nicht vergeblich (2. Korinther 6,1). Gnade ist die Kraft, das Rennen zu laufen, das Selbstmitleid abzuschütteln, die Lethargie zu überwinden, dir die Selbstgefälligkeit vom Hals zu schaffen, sie loszuwerden und aufzustehen und das gebrochene Bein zu behandeln, worin auch immer das Problem besteht, und das Rennen zu laufen. Du brauchst Ausdauer.

Pass auf, dass sich keine Bitterkeit in deinem Herzen breitmacht. Die Verbitterung ist hinterhältig und gibt sich selten als solche zu erkennen. Bitterkeit ist zynisch und sagt Dinge wie: «Das habe ich schon längst versucht. Das ist alles ein alter Hut für mich. Als ich jung war, habe ich auf radikal gemacht, aber wie man weiß, verliert man seinen Eifer, wenn man älter wird.» Das ist Bitterkeit, Zynismus, Skepsis, Unglaube; du bist unfähig, dich wieder aufzurappeln, weil du es «schon versucht» hast. Das sind sichere Anzeichen für Bitterkeit.

Ich glaube, wir werden vor allem bitter, weil wir immer wieder versagen und es leid sind. Das ist einer der schnellsten Wege, wie ich bitter werde. Ich bin es satt, aufzustehen, wieder hinzufallen und zu sündigen – und dann erneut mich hinzugeben und aufstehen zu müssen. Ich denke dann, «ich kann das nicht mehr». Das ist im Grunde ein Vorwurf gegen Gott, der sich zugleich gegen mich richtet. Ich werfe ihm vor, zu Schwieriges zu verlangen. Ich denke: «Ich kann einfach nicht heilig sein. Es ist klar, dass ich wieder sündigen werde, also gebe ich gleich auf. Heiligkeit ist zu schwer zu erreichen, ich bin zu schwach, schaffe es nicht.» Das ist Bitterkeit.

Wir müssen sehr gut aufpassen, dass wir der Bitterkeit nicht erlauben, sich in unseren Herzen einzunisten, weil viele Menschen dadurch aus der Bahn geworfen werden. Es ist die häufigste Bedrohung für ernsthafte Gläubige. Je älter ich werde, desto mehr beobachte ich, wie die Menschen in meiner Umgebung abgestumpft werden. Als wir jung waren, waren wir Feuer und Flamme für diesen Lebensstil, aber mit der Zeit wird es mühsamer. Die Erfüllung der Verheißung lässt auf sich warten. Das Leben wird komplizierter. Ich habe viele gesehen, die in ihrer Jugend oder in ihren Zwanzigerjahren tiefgläubig waren, aber jetzt in ihren Dreißigern oder Vierzigern sind sie unbeweglich. Sie sind zynisch geworden und es ist schwer, sie zu motivieren.

Das Leben mit dem Herrn wird in der Tat anspruchsvoller statt einfacher, je länger man mit ihm wandelt, obwohl einiges leichter wird. Häufig meinen junge Leute, sie hätten es schwer, weil sie Teenager sind, und ich denke: «Wartet bis ihr in euren Dreißigern seid.» Dann sage ich mir selber: «Warte bis du in deinen Sechzigern bist.» Wenn ich feurige Gläubige in ihren Sechzigern, Siebzigern, Achtzigern oder Neunzigern sehe, die das erste Gebot und ihre Lebensbestimmung in Gott erfüllen, ist das eine umwerfende Realität. Sie haben es geschafft! Ohne bitter zu sein! Sie rennen noch. Ich bewundere Männer und Frauen des Glaubens, die jahrzehntelang ausgehalten haben. Das ist wegen der drohenden Bitterkeit nicht leicht. Jesus sagt: «Passt auf euch auf, dass ihr nicht bitter werdet.»

Auf den weltweiten Stress vorbereitet
(Hebräer 12,25-29)

Gott wird eine Generation erwecken. In Hebräer 12 heißt es: «Noch einmal werde ich alles erbeben lassen» und gleich im Anschluss daran geht es um die Große Trübsal und die Weissagung über eine Generation, die zur Zeit von Jesu Wiederkehr lebt. Der Text zitiert Haggai und redet von der Herrlichkeit des späteren Tempels. Gott sagt: «Ich werde alles erschüttern und ihr habt ein unerschütterliches Reich empfangen.» Es wird eine Generation geben, die diesen Wettkampf mit Ausdauer laufen und das Rennen besser beenden wird, als es begann. Gott wird tun, was immer erforderlich ist, damit das geschieht. Er wird die Erde erschüttern und uns von allem loslösen, was sich in den Weg stellt. Er wird uns die Finger von den Ablenkungen, unserem Unglauben und dem Humanismus loseisen. Er wird alles erschüttern.

Der Autor des Hebräerbriefes fängt beim Persönlichen an, redet über Gemeinschaft bis hin zur globalen Ebene. Weltweite Stresssituationen stehen uns bevor und wir sind darin Wegbereiter. Wir sind Botschafter, die im Feuerofen persönlichen Leidens trainiert worden sind. Wenn wir die Botschaft verstehen wollen, wenn wir ohne Anstoß zu nehmen durchs Feuer gehen und unbeschadet den Segen empfangen können, dann empfangen wir sie auch. Wenn wir sein Herz kennengelernt und ein Zeugnis seiner Treue und Güte erlangt haben, ist es uns möglich, den anderen etwas mitzuteilen, wenn Gott alles weltweit erschüttert.

Der Pfeil

Jesus war der ultimative Wegbereiter und er wurde im Verborgenen und in Schwierigkeiten trainiert. Jesaja 49 vergleicht ihn mit einem auserwählten Pfeil, der im Köcher des Vaters verwahrt ist (V. 2). Auch uns gestaltet er um in Pfeile, die das Ziel treffen werden. Das gehört zur Aufgabe eines Pfeils. Jede Person ist von Gott auf einzigartige Weise als Pfeil mit einem speziellen Ziel gestaltet. Vielleicht stehen wir nie mit einem Mikrofon vor einem Publikum. Es geht nicht um eine Bühne, sondern um unsere Worte, die die Dunkelheit im Herzen der Menschen durchdringen. Das ist der Plan. Jesus sagte: «Ich bin im Schatten der Hand Gottes. Er macht mich zu einem auserwählten Pfeil und verbirgt mich in seiner Hand, in seinem Köcher.»

Jeder von uns wird wie ein Pfeil vorbereitet. Das geschieht auch mit dir, wie er Jesus als auserwählten Pfeil vorbereitete. Ein Pfeil beginnt als ein Stück Holz an einem Baum, der einem strapaziösen Prozess unterworfen wird. Man schneidet einen Ast von einem Baum, entfernt die Blätter, reißt die Rinde ab und taucht ihn in heißes Wasser. Dieser knorrige, alte, gekrümmte Ast muss jetzt begradigt werden, indem er an jedem Ende befestigt wird, damit eine Spannung entsteht. Nach und nach begradigt sich der Ast in einem rabiaten und zeitraubenden Prozess. Heute kommen wir uns wie dieser knorrige, alte, gekrümmte Ast vor, der gezogen und gestreckt wird, aber wenn wir diesen Prozess aushalten, werden wir etwas zu sagen haben und wir werden unser von Gott bestimmtes Ziel in diesem und im nächsten Leben erreichen.

Alles wird erschüttert werden, was erschüttert werden kann und nur das unantastbare Reich wird übrig bleiben (Hebräer 12,28). Sein Reich beginnt in erster Linie in unseren Herzen - dort wo sich das irdische Leben nicht abspielt. Alles, was wir in Gerechtigkeit in der politischen, sozialen, wirtschaftlichen und natürlichen Ordnung tun, wird ebenfalls verbleiben, aber alles andere wird erschüttert werden. Wir müssen unsere Fünfjährigen darauf vorbereiten. Was die Kinder angeht, müssen wir ehrlich mit uns sein - wir bewegen uns nicht gerade schnell voran, aber wir wollen es zumindest versuchen. Wir werden «das gebrochene Bein richten» und uns alle Mühe geben, in der Gnade Gottes zu laufen. Wir werden eine junge Generation auf die Wiederkunft des Herrn vorbereiten, weil wir dem Lamm geben wollen, was ihm würdig ist. Er rannte mit Ausdauer und er wünscht sich eine Braut, die ihm in Mut, Liebe und Kraft ebenbürtig verbunden ist. Man braucht Mut, um das Rennen zu laufen.

Gott wird sicherstellen, dass dieses Rennen in Herrlichkeit beendet wird. Er ist ein allverzehrendes Feuer und möchte alle Generationen haben. Er sagt: «Ich möchte dich haben. Ich werde alles Nötige tun, um dich zu bekommen. Ich bin ein allverzehrendes Feuer» (Hebräer 12,29). Das Kapitel fährt fort: Wenn schon die Menschen im Alten Bund gerichtet wurden, weil sie Moses Worten nicht glaubten und in der Wüste umherwandern mussten, wie viel mehr werden wir dann erst gerichtet werden, wenn wir uns der Lage nicht gewachsen zeigen?

Wir sind zum Berg Zion gekommen, zu einer Vielzahl der Engel, zu einer großen Wolke der Zeugen. Vor allem sind wir zu Jesus gekommen, dem Vermittler des Bundes! Er wird uns die Kraft geben, ihn voll zu lieben und treu durchzuhalten. Lasst uns den Kampf des Glaubens zu Ende kämpfen! Und wir wollen unsere Kinder auf das vorbereiten, was in Kürze auf die Erde zukommt. Gott ist daran, alles zu erschüttern. Wenn Gott für dich nicht der Eine ist, der alles erschüttern wird, musst du deine Bibel lesen. Im Neuen Testament, nach der Auferweckung Jesu von den Toten, sagt er: «Ich werde alles erschüttern.» Rennen wir daher mit Ausdauer.

Zum Abschluss solltest du Hebräer 13 lesen. Der Autor erklärt ganz einfach, was es bedeutet, das Rennen zu laufen. Sehr praktisch redet er von brüderlicher Liebe und gottesfürchtigen Ehen. Ganzherzigkeit Gott gegenüber auszuleben hat nichts mit Medienrummel, Lautstärke oder einem Charakterzug zu tun. Es geht um Heiligkeit. Dieses Leben wird von innen heraus geführt und soll lebenslang aufrechterhalten werden. Da wir schwach und zerbrochen sind, werden wir oft stolpern, und wir müssen bei diesem Rennen Hürden überwinden. Gott verlangt von uns nur, dass wir geduldig bis zum Ende durchhalten. Gib nicht auf. Gib nicht nach. Wenn du nicht aufgibst, gewinnst du.

KAPITEL 9

Das Ende der Geschichte

Dieser seit meiner Jugend existierende Berg an Fragen kann nur durch das Beantworten jeder einzelnen Frage abgetragen werden. Der Berg wird in dem Maße bewältigt, wie ich das größere Bild von dem erkenne, was Jesus sich wünscht. Den Sinn hinter den Rätseln des Lebens findet man im ursprünglichen Zweck des Schöpfers für die Menschen. Wie sieht er den Sinn des Lebens? Die Spannungen sind oft groß und nicht immer leicht zu lösen, aber ich bin fest entschlossen, diesen Berg zeit meines Lebens zu bezwingen. Dieser Trip hat zu herrlichen Entdeckungen geführt. Auf meiner Suche nach dem vorrangigen Zweck meines Lebens und der Erkenntnis Gottes habe ich viele Tränen der Frustration und der Freude vergossen. Je mehr ich im Verständnis seines Verlangens und seines Traums für die Menschheit wachse, desto mehr Sinn ergibt mein persönliches Leben. Schwierigkeiten, Schmerzen, Segen und all die Gegensätze des Lebens geben mehr Sinn, weil ich die Stimme des Bräutigams höre, der eine Braut haben möchte, die ihm in Hingabe, Liebe und Demut ebenbürtig verbunden ist (Offenbarung 19,7).

Weil der Heilige Geist dieses Feuer der Liebe in mein Herz ausgießt, möchte ich vollkommen in dem aufgehen, was für ihn wichtig ist. Ich möchte mich ganz und gar darauf konzentrieren, seine Erbschaft und seine Belohnung zu sein (Epheser 1,18), weil ich weiß, dass ich nur dann zufrieden sein werde, wenn ich ihn zufriedenstelle. In seiner erstaunlichen Geschichte, die allerdings nicht immer überwältigend oder euphorisch ist, sehen wir, wie sich eine tiefgründige und geheimnisvolle Realität entfaltet und auch uns mit einschließt.

Wir müssen zumindest in groben Umrissen erfahren, wie diese Geschichte ausgeht, um zu verstehen, worauf wir zusteuern. Ziellosigkeit wird von Mangel an Vision verursacht und ein fehlender Lebenszweck führt häufig zur Verzweiflung. Wir können alles ertragen, wenn wir nur wissen, dass es Sinn macht.

Seit Beginn der Welt hatte der Schöpfer einen unfehlbaren Plan erarbeitet. Jahrtausendelang hat Jesus sich auf ein Ziel zubewegt, das er erreichen will und wird. Unser Schöpfer träumt von einem bestimmten Plan, den wir noch nicht gesehen haben, aber an dessen Anfängen wir alle schon heute teilnehmen. Unser heutiges Leben ist nicht das Ende der Geschichte. Die Welt sagt: «Greif zu, denn besser wird es nicht mehr», aber es ist erst ein Teil des Ganzen. Es gehört zu dem Prozess, den Gott in Gang gesetzt hat, um sein Ziel zu erreichen. Wir dürfen das Ende der Geschichte nicht aus den Augen verlieren, damit wir in unserem Leben mit Jesus angesichts der Abgründe der menschlichen Geschichte weder das Herz verlieren noch die Hoffnung aufgeben.

Die ersten beiden Kapitel der Schrift beginnen mit einer Braut und einem Bräutigam im Garten Eden, und die letzten beiden enden mit der Braut und dem Bräutigam im Paradies (1. Mose 1–2; Offenbarung 21–22). Die Geschichte dazwischen ist wegen der Barmherzigkeit Gottes atemberaubend und herrlich. Sie beschreibt die Helden des Glaubens, die in der Gnade Gottes selbst in ihrer Schwäche Ja zu ihm sagten.

Aber auch die Geschichten der Menschen, die die Güte Gottes zurückwiesen, und die daraus resultierenden Tragödien werden beschrieben.

Am Ende der Geschichte in der Offenbarung 21–22 sieht man die Braut im Garten Gottes in Gemeinschaft mit ihrem Bräutigam. Das ist die Bestimmung der Erlösten. Wir pflegen nicht nur innige Gemeinschaft mit Gott, aber es ist unser Hauptlebenszweck jetzt und in Ewigkeit. Wir sind zur Freundschaft mit dem Vater, Sohn und Heiligen Geist bestimmt und alles andere fließt aus dieser lebendigen, dynamischen Beziehung. Dort befindet sich der geheime Ort der Kraft für Christus und für die Gemeinde in diesem Zeitalter und in der Ewigkeit. Im Buch der Offenbarung sehen wir dieses Zeitalter auf dieselbe Weise enden, wie es begann – Gott ist bei den Menschen. Von Anfang an hat er seine Absichten zu erkennen gegeben und wir können selbst heute in unserer Welt sehen, wie seine Geschichte einem Höhepunkt zusteuert.

Wir wissen, dass die Geschichte der Menschheit gut ausgeht, aber uns ist auch bekannt, dass es vor diesem Happy End eine große Schlacht um die Herzen der Menschen geben wird. Dieser Kampf wird seinen Höhepunkt in der Generation erreichen, in der der Herr wiederkommt. Zwei «Häuser der Anbetung» werden im kriegerischen Konflikt miteinander stehen und der Kampf geht um die Leidenschaft der menschlichen Herzen.

Die Schrift beschreibt zwei weltweite Bewegungen der Anbetung am Ende des Zeitalters. Viele Menschen aus allen Völkern werden Jesus anbeten (Psalm 72,11) und viele werden den Antichrist verehren (Offenbarung 13). Jesus wird zur Erde zurückkehren und vollenden, was er begann. Sein Plan wird nicht scheitern. Der Vater wird eine Familie haben und er wird Jesus eine reife, ihm ebenbürtig verbundene Braut schenken (Offenbarung 19,7). Wir wissen jedoch aus der Schrift, dass dieser herrliche Tag, auf den Jesus mit Spannung wartet, im Rahmen einer großen Erschütterung stattfindet, da er die Liebe und Loyalität der Welt nimmt und vom Unheilvollen hin auf ihren Erlöser übereignet. Dieser Übergang ist nicht ganz einfach, weil die Menschen das Böse und die Lüge lieben (2. Thessalonicher 2,10-11). Wer sich dem Reich seiner Liebe widersetzt, wird entfernt (Matthäus 13,30), weil Jesus auf Erden Gerechtigkeit, Schönheit und echten Frieden möchte, so wie sie im Himmel bestehen (Matthäus 6,10).

Er möchte die Welt, einschließlich der Herzen der Menschen, ihrer Körper, der Schöpfung und der Regierungen der Erde, so wiederherstellen, dass sie der Realität des Gartens Eden entspricht. Und so kommt er als König, ein Reich zu errichten, als Richter, um alles zu entfernen, was die Liebe behindert und die Erde vom Bösen zu reinigen, und als Bräutigam, um allen, die ihn lieben, seinen Namen, seinen Thron und ewigen ungehinderten Zugang zu seinem Herzen zu geben.

Diese Gemeinschaft mit seinem Herzen gibt es schon jetzt, wenn auch erst teilweise. Das Reich Gottes beginnt von innen heraus (Lukas 17,20-21), aber eines Tages wird es auch in jedem Bereich der Gesellschaft und der Schöpfung vollständig sichtbar sein. Heutzutage findet sich das Königreich überwiegend im Herzen des Einzelnen und in der Gemeinde, aber man kann schon erkennen, wie alle Aspekte der Gesellschaft und Kultur vom Reich Gottes in begrenztem Umfang beeinflusst werden. Jetzt sehen wir es teilweise, aber eine Zeit wird kommen, wenn das Reich Gottes in seiner ganzen Fülle auf Erden sein wird. Unsere heutige Arbeit, die tatsächlich auf Jesus und seinem Reich aufgebaut ist, wird nicht erschüttert werden, aber alles, was auf Humanismus, Habgier, Lügen, Bosheit und Sünde gebaut ist, wird wie Töpfergeschirr vom Eisenstab in der Hand Jesu zerschmettert werden (Psalm 2,8-9; Hebräer 12,26-28).

Die Erschütterungen

Bei seiner Wiederkunft wird Jesus als Bräutigam, König und Richter erscheinen. Wenn er kommt, um die Welt zu richten, wird er alles entfernen, was die Liebe behindert, weil er als Schöpfer diese Welt für sich zu seinem Genuss erschaffen hat (Offenbarung 4,11). Wie wir gesehen haben, wünscht er sich, geliebt zu werden und zu lieben. Weil er ein Königreich der Liebe haben möchte, muss er alles entfernen, was sich dem in den Weg stellt. Böse und arrogante Menschen, die ihm Widerstand leisten, werden in den Feuersee geworfen, weil er es nicht zulassen kann, dass die Liebe beschmutzt wird.

Wie Mike Bickle sagt: «Jesus wird das geringstmögliche Mittel verwenden, um die größtmögliche Zahl von Menschen auf der tiefsten Ebene der Liebe zu erreichen. »Wenn wir das Buch der Offenbarung lesen, ist es schwer begreiflich, dass darin das geringstmögliche Mittel geschildert wird, das gebraucht wird, um die Völkermassen wachzurütteln, weil wir nicht verstehen können, worauf die Erde zusteuert, falls wir in der Dunkelheit verbleiben.

Schon vor dem Tag, an dem er am Himmel erscheint, wird die Erde Geburtswehen erleben, die zu großen Erschütterungen führen (Matthäus 24,4-8). Man braucht weder Prophet noch Pessimist zu sein, um zu sehen, dass wir schon jetzt am Anfang dieser Erschütterungen stehen. Vielleicht sind wir noch viele Jahrzehnte vom Erscheinen Jesu entfernt, aber selbst in den Jahrzehnten davor sehen wir, wie die Hand des Töpfers die Erdkugel nimmt, sie schüttelt und auf den Kopf stellt. Dieses Schütteln hat mehrere Aspekte, die nicht alle direkt von seiner Hand kommen, aber letztendlich sind sie alle unter Jesu Aufsicht.

1. Das Seufzen der Schöpfung

Ein Aspekt der Erschütterungen ist das Seufzen der Schöpfung (Römer 8,18-22). Seit dem Sündenfall des Menschen hat die Schöpfung unter dem Verlust des Garten Edens gestöhnt. Sie sehnt sich nach Wiederherstellung, danach dass Jesus auf die Erde kommt und den Fluch rückgängig macht. Die Schöpfung steht unter dem Fluch der Sünde und ein Großteil der Erschütterungen, die wir sehen, ist ein Ergebnis dieses Stöhnens.

2. Die Sünde des Menschen

Der zweite Aspekt der Erschütterungen ist die Sünde des Menschen. Als der Herr den Menschen die Herrschaft über die Erde gab, übertrug er ihnen eine echte Verantwortung. Seither haben wir Menschen die Autorität, Entscheidungen über die Erde zu fällen, selbst wenn sie diese beeinträchtigen. Jesaja prophezeite, dass die Menschen versuchen, die Naturgesetze zu verändern und sich sogar der natürlichen Ordnung widersetzen, die der Schöpfer angeordnet hat (Jesaja 24,5-6). Gott hat den sündigen Menschen erlaubt, frei gegen seine Gesetze zu handeln, aber die Schöpfung reagiert auf diese Entscheidungen. Das führt dazu, dass die Erde unter dem Gewicht der Sünde wie eine Betrunkene hin und her taumelt; sie bebt und knarzt wie eine Hütte im Wind (Jesaja 24,19-20). Die Menschen haben sich für die Sünde entschieden und die Sünde ist voll aufgeblüht. Diese Verzerrung zieht ernsthafte Folgen nach sich.

In der Generation der Wiederkunft des Herrn wird die Sünde des Menschen ein unfassbares Maß erreichen (Daniel 8,23; 12,10; Offenbarung 14,18; 18,5). Die Sünde ist erst dann reif, wenn sie sich durchgängig in sündhaften Taten ausdrückt und das wird in den kommenden Jahrzehnten geschehen. Wir können uns nicht vorstellen, wie es sein wird. Jesus lässt es unter anderem zu, damit man die wahre Natur des Menschen erkennen und Gottes Gerechtigkeit und Gnade im Licht der Wahrheit über die Verdorbenheit sehen kann. Wir können Adam nicht selbstgerecht anklagen, weil er sich für die Sünde entschied und deshalb alle Menschen nach ihm sündigten. Wenn wir den ausgewachsenen Baum sehen, der als Same in Adams

Herz begann, werden wir nicht behaupten können, Gott sei in seinem Gericht über die Sünde zu hart. Wir werden vollauf verstehen, warum Gott so vehement gegen die Sünde vorgeht. Als Adam vom Baum aß und der Sünde im Menschen die Tür öffnete, war das nicht unbedeutend, sondern in Wirklichkeit eine viel größere Krise, als man auf den ersten Blick erkennt. Am Ende wird die Sünde zu solch einem Baum des Bösen heranwachsen, dass wir den Eifer des Herrn verstehen und ihn nie wieder beschuldigen werden, zu streng zu richten.

Gerade dann wenn die Sünde des Menschen ihren Höhepunkt erreicht, werden die Gerechten am hellsten scheinen (Matthäus 13,43). Es ist inmitten dieser Dunkelheit und widersprüchlichen Gewalten, dass die wahre Liebe geläutert wird. Wir brauchen den Konflikt und das Feuer (Maleachi 3,1-6). Die große Ernte wird eingefahren werden, wenn Weizen und Unkraut Seite an Seite wachsen. Die Menschen werden das Böse als das erkennen, was es ist und sie werden das Licht der Gerechtigkeit haben wollen - nicht alle von ihnen, aber viele. Die Dunkelheit wird dunkler und das Licht wird heller. Die große Seelenernte wird zur selben Zeit ins Reich Gottes kommen, wenn die Ernte der Sünde heranreift. Am Ende des Zeitalters werden Weizen und Unkraut gemeinsam reifen (Matthäus 13,30).

3. Satans Wut

Der dritte Aspekt dieser großen Erschütterungen ist die Wut Satans. Die Offenbarung informiert uns über das sichere Ende Satans: Er wird in ein Gefängnis geworfen werden und nicht mehr frei sein, im himmlischen oder irdischen Bereich zu handeln. Die Idee, dass er ins Gefängnis muss, entrüstet ihn zutiefst und je näher das Erscheinen Jesu rückt, desto größer wird sein Zorn (Offenbarung 12,12). In die Ecke getrieben, wird er alle ihm möglichen Betrügereien, Lügen, Täuschungen und Frevel ausspeien. Wenn seine Rage ihr volles Maß erreicht, wird er versuchen, einen Plan auszuführen, um Jesus an der Rückkehr zu hindern. Die Propheten des Alten Testaments, die Apostel des Neuen Testaments und Jesus selber gaben uns Einsicht in einige seiner Pläne. Aber wir wissen auch, dass Jesus letztendlich das Ruder fest in der Hand hat und Satan nur das tun kann, was Jesus ihm erlaubt. Jesus ist wegen des zukünftigen, zunehmenden Konflikts mit Satan nicht im Geringsten verunsichert. Im Gegenteil, er freut sich auf diese Stunde, weil er an diesem Tag das Böse ausmerzen wird. Dieser Tag der Konfrontation und Rache ist in seinem Herzen (Jesaja 63,3-4).

Jesaja beschreibt diese Zeitperiode und zeigt, wie zuversichtlich Jesus ist. Er wohnt in der Ewigkeit, sitzt über dem Erdkreis und schaut auf die Völker herunter, die gegen ihn wüten. Sie sind wie kleine Heuschrecken, die um ihn herumhüpfen (Jesaja 40,22-24). Er misst das Weltmeer mit seiner hohlen Hand und spannt die Milchstraßen wie einen Vorhang. Die Völker sind wie ein Tropfen am Eimer und beängstigen ihn nicht und auch Satan mit all seinen Lügen vermag ihn nicht einzuschüchtern (Verse 12-15).

In Psalm 2 sieht man die von Satan angestachelten Völker gegen ihn wüten. Sie wollen weder Jesus noch seinen Vater, weder Israel noch die Bibel. Im Gegenteil, sie möchten Gott loswerden und sie haben tatsächlich die Frechheit, gegen ihn Krieg zu führen, genauso wie es Luzifer vor vielen Jahren in seiner Arroganz tat. Es ist dieselbe Lüge, die vom selben Lügner, Satan, ausgeht. König David sagte, dass Gott über die müßigen Drohungen der Könige der Erde gegen ihn lacht (Vers 4). Er lacht, weil es ein aberwitziger Ehrgeiz für Heuschrecken ist, ihren Schöpfer besiegen zu wollen.

Jesus ist nicht vom Zorn eingeschüchtert, den Satan in die Herzen böser Menschen legt. Obwohl diese Wut Satans die Erde kurze Zeit beeinflussen wird, endet es nicht hier. Wir werden die Erschütterungen durch den Zorn Satans spüren, aber er ist schon ein besiegter Feind (Epheser 1,20-22; Kolosser 2,15).

Selbst wenn wir unser Leben verlieren, haben wir den Sieg, weil der Tod besiegt worden ist. Obwohl Satans Wut intensiv sein wird und viele Gläubige deshalb ihr Leben verlieren werden, werden gerade in diesem Zusammenhang die großen Zeugen auftreten, die den Tod nicht fürchten. Sie werden durch das Wort ihres Zeugnisses und das Blut des Lammes selbst bis zum Tod siegen (Offenbarung 12,11).

4. Gott selbst

Der letzte Aspekt der Erschütterungen ist Gott selbst. Er möchte die Finger der Menschen der Welt von wertlosen Dingen loseisen und sie veranlassen, sich an ihn zu klammern, da sie dazu geschaffen wurden, eins mit ihm zu sein (1. Korinther 6,17). Wenn man heute in der westlichen Gemeinde anfängt, von Jesus als Richter zu reden, verziehen die Leute das Gesicht und wollen oft nicht darüber reden. Oder sie machen sich ein falsches Bild und denken bei seinen Gerichten, dass er auf sie böse ist, obwohl sie aufrichtige Gläubige sind. Andere halten sich an der Theorie fest, dass er die Erde nicht richten wird. Ich glaube, diese Argumente müssen anhand der Aussage der Schrift geklärt werden.

Als Bräutigam und Schöpfer ist Jesus sehr eifrig darauf bedacht, die Menschheit zu dem zurückzubringen, wozu sie ursprünglich geschaffen wurde – und das ist, mit ihm in der Gemeinschaft der Dreieinigkeit eins zu sein. Es ist ihm sehr daran gelegen, alles zu entfernen, was sich dem in den Weg stellt. Außerdem hat er viel Geduld und will, dass jeder Bereitwillige ungehindert zu ihm kommen kann (2. Petrus 3,9). Er hat den Weg zu ihm nicht zu geheimnisvoll gemacht, sondern so einfach, dass alle, die ihn lieben wollen, ihn erreichen können. Andererseits ist er so einfach, dass die Arroganten nie zu ihm kommen werden; deshalb wird er sie richten, weil er den Bösen nicht erlauben kann, sich im Endeffekt durchzusetzen.

Es gibt viele Gründe, warum Jesus als Richter kommt und es gibt keine einfache Antwort darauf, warum er schon vor seinem

Erscheinen alles erschüttert, was erschüttert werden kann. Aber wir wissen, dass er um der Gerechtigkeit, Demut und Wahrheit willen richtet (Psalm 45,4-6). Er richtet, um die Stolzen und Hochmütigen der Erde zu erniedrigen, welche die Armen, Witwen und Bedürftigen unterdrücken (Psalm 94). Um der Liebe willen starb er und für die Liebe wird er jetzt kämpfen.

Wir müssen Menschen sein, die sein Herz verstehen und seiner Führung vertrauen - nicht blindlings, sondern weil wir wirklich mit ihm übereinstimmen. Denk doch mal nach: Was für ein Gott der Liebe erlaubt es den Bösen, sich durchzusetzen und die Oberhand zu gewinnen, um die Menschen zu unterdrücken? Was für ein Gott der Liebe erlaubt es Lügen und Dunkelheit, die Welt zu unterminieren, wenn es in seiner Macht liegt, sie zu stoppen? Was für ein Gott der Liebe lässt Perversion, Mord, Satanismus, Teufelsanbetung und die verschiedensten Arten des Bösen immer weiter zu, ohne einzugreifen?

Schon heute gibt es mehr als eine Million Frauen und junge Mädchen und Jungen, die über internationale Grenzen hinweg als Sexsklaven gehandelt werden. Sie sind unterdrückt und hilflos. Was für ein Gott der Liebe wird das immer weiter so zulassen? Was für ein Gott der Wahrheit wird den Menschen erlauben, Lügen zu glauben - selbst Lügen, die wie Einheit, Frieden und Sicherheit aussehen - wenn dieselben Lügen sie zur ewigen Verdammnis führen? Wie kann er nicht eingreifen und die Lügen in Angriff nehmen, so lange noch Zeit ist?

O liebe Freunde, seine Gerichte und die Erschütterungen, die zu ihnen führen, sind Ausdruck seiner großen Barmherzigkeit und seines Mitleids. Als die Liebe in Person fleht er die Menschheit an, zu ihm zu kommen, aber viele werden die Dunkelheit vorziehen und die Lüge lieben (2. Thessalonicher 2,10).

Er wird die Sündhaftigkeit des Menschen zu einem Ende bringen und den größten Diktator und Unterdrücker, den die Welt je gesehen hat - den Antichrist - konfrontieren. Alle Infrastrukturen, die vom allgegenwärtigen Dreck der Hure Babylon durchdrungen sind, wird er zerschlagen (Offenbarung 17-18). Mit einem Eisenstab wird er regieren und die Boshaftigkeit der Völker und ihrer feindlichen Könige in Stücke schlagen. Er wird die Erde von bösen Herrschern befreien und an ihrer Stelle werden die Sanftmütigen die Erde erben (Daniel 7,27; Matthäus 5,5).

Mir ist klar, dass ich hier mehrere wichtige Aussagen mache, die durch die Schrift verantwortungsvoll und gründlich belegt werden müssen. Dieses Buch ist nicht als umfangreiche Abhandlung über Jesus als Richter gedacht. Ich bin zuversichtlich, dass jeder, der zu verstehen sucht, was die Schrift darüber sagt, reichlich Schriftstellen findet, die über dieses wichtige Thema Klarheit geben. Durchforsche doch die Schrift unvoreingenommen, mit offenem Herzen und dem echten Wunsch nach der Wahrheit; bitte den Heiligen Geist, dir das Herz des Bräutigams durch seinen Eifer als Richter zu offenbaren. Es gibt mehr als 150 Kapitel in der Bibel, die die Endzeit als Hauptthema haben. Eine Liste dieser Kapitel und weitere (englischsprachige) Ressourcen über Jesus als Bräutigam, König und Richter befinden sich auf der kostenlosen Website www.mikebickle.org.

Kriegsherr

Bei seinem ersten Auftritt auf Erden war Jesus vergleichsweise still, weil er als Lamm kam, um die Erde zu erlösen. Bei seiner Rückkehr tritt er als Löwe mit einem Schlachtruf auf, um das zu beenden, was er begann (Jesaja 42,13). Es wird einen Moment geben, wenn der Vater dem Sohn den Auftrag gibt, als kriegerischer König zurückzukehren, um sein mächtiges Schwert gegen die Unterdrücker in den Völkern zu gebrauchen (Psalm 45,4; Offenbarung 19,15).

Psalm 45 ist eine äußerst herrliche Stelle über den Messias und einer meiner Lieblingspsalmen, über den ich meditiere, rede und singe. Hier singt der Vater über den Sohn. Aus dem Hebräerbrief wissen wir, dass die Stimme des Vaters durch den Psalmisten spricht (1,8). Dieser wunderbare Psalm fängt damit an, dass das Herz des Vaters von Jesus überwältigt ist und für ihn überfließt (Psalm 45,2-3; Hebräer 1,8). Ich stelle mir vor, wie der Vater vom Himmel donnert: «Das ist mein geliebter Sohn, der mir außerordentlich gut gefällt!» Das Herz des Vaters fließt von Liebe zu Jesus über. Diese Stelle zeigt etwas von seinen Gefühlen für seinen Sohn. Ich finde das toll!

Während der Vater dieses Lied singt und die Engel zuschauen, vermittelt der Heilige Geist Teile davon dem Herzen der Braut, die sich dem Lied anschließt. In diesem Psalm ruft der Vater Jesus zum Handeln auf und sagt:«Gürte dein Schwert dir an die Seite, du Held, dazu deine herrlich schimmernde Wehr! Glück auf! Fahre siegreich einher, für die Sache der Wahrheit, zum Schutz des Rechts» (Psalm 45,4-5).

An einem Tag in der Zukunft wird Jesus als mächtiger Kriegsherr kommen. Auf Erden werden wir ihn als Bräutigam sehen und mit sehnsuchtsvollen Herzen nach ihm rufen: «Komm, Herr Jesus! Komm!» (Offenbarung 22,17). Weltweit werden wir in Einheit beten: «O dass du doch den Himmel zerrissest ...! Ja, führest du herab ...!» (Jesaja 64,1-3). Jesus wird für die Völker beten und dann, wenn alles bereit ist, wird der Vater ihn beauftragen zurückzukehren. In Daniel 7 sehen wir diese Krönung: Jesus wird vor den «ehrwürdigen Greis» gebracht und erhält die Eigentumsurkunde für die Erde und den Plan für ihre Reinigung (Verse 9-14). Dieselbe Szene begegnet uns im Buch der Offenbarung, als Jesus auf Befehl des Vaters die Schriftrolle an sich nimmt (Offenbarung 5). In Antwort auf den Schrei der Braut nach seiner Rückkehr wird er als Kriegsherr zurückkehren. Durch die Ausführung dieses Plans dient er dem Vater und durch die Reinigung der Erde vom Bösen dient er der Braut und auch der Welt. Im Zentrum seines Wesens ist er ein Diener und er ist derselbe Mensch, der als Lamm kam, mit derselben Persönlichkeit, Jedoch dieses Mal sieht man ihn als kämpfenden, dienenden König.

Israel erwartete diesen Kriegsherrn bei seinem ersten Erscheinen. Sie sehnten sich nach einem Messias, der die Feinde Israels ausmerzen, gegen Rom kämpfen und ein Königreich in Jerusalem errichten würde, das über die Welt regiert. Sie sehnten sich nach einem Kriegsherrn, der mit lautem Geschrei eine Revolution auf den Straßen beginnen würde. Dieser Messias würde für sie kämpfen, sie von der Unterdrückung befreien, Jerusalem seine frühere Herrlichkeit wie in den Tagen Davids wiedergeben und die Prophetien von Jesaja und vielen anderen erfüllen. Was sie nicht voraussahen war ein Erlöser oder Opfer. Sie waren nicht auf Ausschau nach einem Lamm und sahen selbst in ihren Prophetien nicht, dass er zuerst als Lamm und dann als Löwe auftreten würde.

Heute haben wir das umgedreht und sträuben uns gegen die Idee des Kriegsherrn, aber die Prophetien, an die sich Israel seinerzeit klammerte, sind immer noch wahr, wenn Israel auch den Zeitpunkt falsch verstand. Er kommt als Messias Israels, als Kriegsherr, der den Preis für alle Völker gezahlt hat, als er als vollkommenes Opferlamm einen Weg bereitete, wie die ganze Menschheit mit Gott versöhnt werden kann. Selbst den Heiden brachte er Erlösung (Römer 11,25-26) und wenn dieses Evangelium die Enden der Welt erreicht, wird er als Kriegsherr zurückkehren (Matthäus 24,14).

Der Tag des Herrn

Seit dem Kreuz, der Auferstehung und der Himmelfahrt, also seit zweitausend Jahren, befindet Jesus sich im Himmel, betet vor dem Vater und bittet ihn um die Völker (Psalm 2,8-9; Hebräer 7,25). Sein Anliegen an den Vater: den Heiligen Geist auszusenden, um die Herzen der Menschheit für sich zu gewinnen (Johannes 17,20-26). Jahrhundertelang ist der Heilige

Geist eifrig am Werk gewesen und hat den Namen Jesu bis ans Ende der Welt bekannt gemacht. Während dieser Zeit haben die Zyniker, die Arroganten und die Menschen, die «die Lüge lieben» und die Wahrheit hassen, gesagt: «Seht doch! Er ist tot! Er war bloß ein Lehrer, bloß ein Prophet, ein exzentrischer Mann mit einer guten Botschaft, aber er war nicht Gott.» Immer wieder haben die Spötter die Gerechten ausgelacht und sich über die, die sich nach der Wiederkehr Jesu sehnen, mit den Worten lustig gemacht: «Wo bleibt denn seine verheißene Wiederkunft?» In der Generation der Wiederkehr Jesu wird es viele Spötter geben.

Es ist wahr, dass niemand den Tag oder die Stunde oder selbst die Generation kennt, in der der Herr zurückkommen wird, aber eines ist gewiss: Er ist kein Lügner und er wird das beenden, was er begonnen hat – vielleicht zu meinen Lebzeiten, vielleicht nicht. So oder so gehören wir zu den großen Männern und Frauen des Glaubens, die diesen Anker der Hoffnung in ihren Seelen haben (Hebräer 11). Dieser Anker verhindert, dass wir inmitten der großen Irreführung wanken.

Jesus hat geduldig vor dem Vater gebetet und der Vater hat zusammen mit dem Geist gewirkt, die Völker der Erde von der Schönheit und Majestät Jesu, ihres Retters und ihres Bräutigams, zu überzeugen. Der Geist hat die Menschen der Sünde und der Gerechtigkeit überführt (Johannes 16,8) und der Vater hat die Hochzeit vorbereitet (Matthäus 22,2; Offenbarung 19,7). Vater, Sohn und Heiliger Geist haben gemeinsam auf den «Tag des Herrn» hingearbeitet. Der Tag des Herrn ist gleichzeitig der Tag seiner Hochzeit und der Tag des Gerichts (Offenbarung 19,1-10). Es ist der Tag der Rache und der Tag seiner Herzensfreude (Jesaja 63,4; Hohelied 3,11). «Wehe den Feinden des Königs an seinem Hochzeitstag.»[1]

Jesus sagte, er würde nicht zur Erde zurückkehren, bis allen Völkern «die Heilsbotschaft vom Reich gepredigt wird» (Mat-

1 Aus dem Lied: «Break the Chains» von Misty Edwards.

thäus 24,14). Er verband den Zeitpunkt seiner Rückkehr mit dem Verbreiten des Evangeliums an alle Völker. Missionsgesellschaften prognostizieren aus statistischen Daten, dass jede Völkergruppe und Sprache auf Erden bis 2025 das Evangelium zum ersten Mal hören wird! Es gibt Gemeinden in allen 232 Nationen und Territorien der Welt. Die größte Seelenernte in der Geschichte spielt sich jetzt ab. Die Bibel ist in mehr als 2 000 Sprachen übersetzt (die von 98 Prozent der Weltbevölkerung verwendet werden). Wycliff hat vor, sie bis 2025 zumindest teilweise in jede Sprache übersetzt zu haben![2] Das ist ein erstaunliches Anzeichen der Endzeit. Jesu Name hat sich wie eine Ranke verbreitet, die die Erde überwuchert.

Er ist der am meisten geliebte Mensch aller Generationen. Es gibt keinen, der berühmter ist. Am Ende wird es keinen geben, der verhasster ist. Er wird die Gemüter aller beschäftigen und erhitzen. Man wird ihn entweder mit großer Feindseligkeit hassen oder mit feuriger Hingabe lieben, aber jeder wird sich mit ihm auseinandersetzen müssen. Alle Zungen, Stämme, Nationen und Völker werden sich entweder für ihn oder für die Lüge entscheiden.

Er sagte nicht nur, dass er erst dann auf Erden zurückkehren wird, wenn «die Heilsbotschaft» die Enden der Erde erreicht hat, sondern auch dass er nicht nach Jerusalem zurückkehren wird, bis die führenden Personen ihn einladen (Matthäus 23,29). Der Vater bereitet eine Hochzeit für seinen Sohn vor und diese Hochzeit wird in Israel stattfinden. Dort wird es einen Rest des Samens von Abraham, Isaak und Jakob geben, der in seiner Identität als Braut den Namen Jeschua in Liebe anrufen wird. Das tritt bestimmt ein.

Das Volk Israel ist die Bühne für das endzeitliche Drama. Auf dieser großen Bühne wird Jesus als Messias in seiner Herr-

2 www.wycliff.de/vision2025: «Vision 2025 - Bis zum Jahr 2025 wollen wir in jeder Sprache, die noch eine Bibelübersetzung braucht, mit der Arbeit angefangen haben.»

lichkeit vor den Augen der ganzen Welt gezeigt werden. Beim endzeitlichen Drama geht es darum, dass die Völker Jesus erkennen und sehen, wie er mit Israel umgeht; dann wissen sie, dass er auch mit ihnen so verfahren wird. Israel ist sein Zeuge und selbst wenn es das nicht sein will, ist es die Leinwand, auf der sein Porträt gemalt ist. Wir kennen ihn durch Israels Propheten und Patriarchen und durch zwölf jüdische Männer, die dreieinhalb Jahre lang mit ihm lebten. Er selbst ist jüdisch und hat dieses Volk erwählt, um sich bekannt zu machen. Alle Augen werden sich auf Jerusalem richten, wenn Jesus die Schriftrolle nimmt und die Siegel öffnet (Offenbarung 5,7-9). Schon vor diesen letzten Tagen sehen wir die Völker auf seinen Plan reagieren. Der Konflikt ist groß.

Dieser zunehmende Konflikt wird alles übertreffen, was man in der menschlichen Geschichte gesehen hat. Während sich die Ereignisse im Buch der Offenbarung entfalten, gibt es eine tiefe Finsternis, die über die Erde wie eine Welle der Täuschung kommt. Gleichzeitig wird Gottes Herrlichkeit auf nie dagewesene Weise über seiner wahren Gemeinde freigesetzt (Jesaja 60,1-2). Dennoch wissen wir, dass sich mittendrin selbst in der Gemeinde ein großer Abfall ereignen wird, weil Täuschung und Irreführung stark zunehmen (Matthäus 24,9-13; 2. Thessalonicher 2,3-11; 1. Timotheus 4,1-2; 2. Timotheus 3,1-7; 4,3-4). Zur Illusion gehören auch fauler Frieden und falsche Sicherheit (1. Thessalonicher 5,3), die ohne Jesus und daher ohne Wahrheit sind.

Viele, die sich als Christen bezeichnen, werden abfallen, während gleichzeitig die größte Ernte in der Geschichte ins Reich Gottes eingebracht wird. Die Menschen, die die Wahrheit lieben, werden tiefer in sie flüchten; wer die Lüge liebt, wird ganz in ihr aufgehen. Maleachi sagt, dass Jesus wie das Feuer eines Schmelzers ist, und er wird in seinem Tempel beginnen (Maleachi 3,1-6). Jeremia prophezeite über die Hirten, die Lügen im Namen Gottes erzählen (Jeremia 23). Gott wird sie zum Schweigen bringen, indem er eine Grenze zieht, bei der die Grauzonen nicht mehr so grau sind.

Vor mehreren Jahren befand ich mich in einer Zeit der Fürbitte für Amerika und flehte Gott an, uns Leiter zu schenken. Ich bat um Gnade und Hilfe. Plötzlich verspürte ich die Gegenwart des Herrn stark und hörte klar seine Stimme. Mit solch einer Intensität habe ich seine Stimme nur ein paar Mal in meinem Leben gehört. Ich erstarrte. Er sagte: «Was geht es dich an, wenn ich einen Mann wie eine Axt in meiner Hand wähle, um meine Gemeinde zu richten? Man lügt! Man lügt über mich, man lügt über meine Göttlichkeit, man lügt über meine Menschlichkeit, man lügt über meine Menschwerdung und über meine Rückkehr! Was kümmert es dich, wenn ich meine Gemeinde richte?»

Ich war entsetzt und bis ins Tiefste erschüttert. Mir wurde klar, dass eine der Antworten auf meinen Schrei nach Gnade das Aufdecken der Lügen sein würde, die in der Gemeinde um sich greifen. Nicht die ganze Gemeinde lügt über Jesus. Es gibt viele, die ihn lieben und das glauben, was er über sich sagt. Auch gibt es etliche in der Gemeinde, die schwanken und zwischen den Stühlen sitzen, über den Tellerrand schauen und weitere Wege zu Gott betrachten als nur Jesus oder vielleicht denken, dass Jesus nicht wirklich Gott war. Manche sagen, dass er nicht zur Erde zurückkehren wird. Andere behaupten, er sei nicht von einer Jungfrau geboren. Die Lügen gehen immer weiter und werden oft von sogenannten «Hirten» im Leib Christi verbreitet. Er hasst diese Lügen und er wird sein Haus erschüttern, um sie bloßzustellen, damit die Demütigen, die Sanftmütigen und diejenigen, die die Wahrheit lieben, klarer sehen und zu seinem Namen rennen und Zuflucht finden können.

Die weltweite Bewegung der Anbetung und des Gebets

Inmitten all dieser widersprüchlichen Ideen und den vielfachen Umständen, die Chaos und Verwirrung auf Erden schaffen, wird es überall auf der Welt ein Volk geben, das mit Jesus und seiner Führung übereinstimmt. Sie werden ihn lieben, wie er sie liebt, und sie werden auf der ganzen Welt am Ort des Gebets und der Anbetung sein. Sie werden ein Lied in der Nacht sein, das den Sonnenaufgang seines Erscheinens erweckt (Jesaja 24,14-16).

Jesaja prophezeite über Jesus, dass er Gerechtigkeit auf die Erde bringen würde, und hob verschiedene Dinge hervor, die er bei seinem ersten Auftritt und bei seiner Rückkehr tun würde (Jesaja 42). Mitten in Kapitel 42 beschreibt er ein lautes Lied, das in allen Nationen der Welt gehört werden wird. Kein Gebiet der Erde ist davon ausgenommen, kein einziges; sogar in Kedar, einem islamischen Dorf, wird man dieses Lied hören! (Vers 11).

Dieses Lied erweckt heute der Heilige Geist. Es wird eine weltweite Anbetungs- und Gebetsbewegung geben, die sich aus dem globalen Leib Christi zusammensetzt. Jesus wird als Antwort auf die Liebeslieder und den Schrei der Fürbitte nach Gerechtigkeit wiederkehren (Lukas 18,7-8).

In Jesaja 24 zeichnet Jesaja das anschaulichste Bild des Zustands, in dem sich die Welt bei der Rückkehr Jesu befinden wird. Beim Lesen schauert es einen und man fragt sich, ob es irgendwelche Hoffnung gibt. Mitten in diesem dunklen Kapitel bricht plötzlich ein Hoffnungsstrahl hervor:

> 14 Jene erheben lauten Jubel, jauchzen über die Hoheit des HERRN vom Westmeer her: 15 «Darum gebet dem HERRN die Ehre in den Ländern des Sonnenaufgangs und an den Gestaden des Meeres dem Namen des HERRN, des Gottes

> Israels!» 16 Vom Saum der Erde her haben wir Lobgesänge vernommen: «Preis dem Gerechten!»
>
> Jesaja 24,14-16

Mitten in der Dunkelheit, mitten in der Trübsal und in der Erschütterung sieht man die Gerechten als hell leuchtende Lampen, die Menschenmengen zu ihm bringen und an den Saiten seines Herzens zupfen und ihn zur Rückkehr locken. Diese weltweite Anbetungsbewegung wird ihn als Bräutigam sehen (Offenbarung 22,17) und der Heilige Geist wird das erste Gebot an die erste Stelle im Leib Christi befördern (Epheser 5,27). Die große Gruppe von Menschen wird nicht nur eine Armee, eine Arbeiterschaft oder lediglich der Leib sein, sondern sie wird insbesondere die Braut sein. Sie wird Lieder der Liebe singen und Gebete der Liebe beten, weil sie wirklich die Stimme des Bräutigams vernommen hat.

Wie Jesaja uns informiert, wird das Hauptthema des Liedes die Majestät oder Hoheit des Herrn sein (Jesaja 24,14). Das ist die von Ehrfurcht ergriffene, von Schönheit erfüllte Furcht des Herrn. Sie ist Schönheit. Wir singen von seiner Herrlichkeit und seiner Majestät und wir singen von seiner Liebe und seiner Gnade. Ich glaube, dass das Lied aller Lieder eines der Hauptlieder sein wird, die gesungen werden, und auch die Lieder der Offenbarung, die voller Majestät und Anbetung sind. Nicht nur werden wir über seine Majestät singen, aber der Herr wird Anbetung und Gebet auch mit seiner Gegenwart salben. Die majestätische Herrlichkeit der Gegenwart Gottes wird in den Gebetsräumen rund um die Welt als die Erstlingsfrucht der Gegenwart Jesu auf Erden erscheinen. Er wird seine Majestät in Form von Heilung, Zeichen und Wunder, Befreiung und Rettung erweisen; sie zeigt sich in der Furcht des Herrn und der übernatürlichen Fähigkeit, ihn mit großem Glauben zu lieben.

O, wir befinden uns erst am Anfang des Anfangs von dem, worauf wir zusteuern, aber genauso wie man lange vor Sonnenaufgang das erste Morgengrauen sieht, werden wir sehen, wie die Strahlen seiner Helligkeit die Gebetsräume der Welt füllen, lange ehe wir ihn von Angesicht zu Angesicht sehen. Es ist das erste Anzeichen am Horizont, dass die Sonne bald aufgeht.

Wir möchten Menschen sein, die dieses Licht in Empfang nehmen und hereinholen, weil wir ihm begegnet sind und Träger seines Geistes sind. Es heißt in Daniel, dass die Verständigen viele unterrichten und die Weisen wie die Sterne leuchten werden (Daniel 12,3 [3]). Johannes dem Täufer wurde beim ersten Auftritt Jesu eine Leuchte genannt, die mit hellem Schein brannte (Johannes 5,35). Jesus wird auch für seine Wiederkehr solche hell leuchtende Lampen haben – Männer und Frauen, die dem Licht begegnet und von Verständnis und Macht erfüllt sind.

Freunde des Bräutigams

Die Menschen, die als Wegbereiter die Morgendämmerung des Millenniums und die Wiederkunft Jesu erwecken, werden zutiefst mit seinem Herzen übereinstimmen, weil sie mit unverwandtem Blick auf Jesus als dem alleinigen Zuschauer gelebt haben. Sie sind es, die die Bergpredigt von ganzem Herzen ausgelebt und ihn von ganzem Herzen, mit ganzer Seele, mit ihrem Denken und mit aller Kraft zu lieben gesucht haben. Sie haben ein Leben der Gemeinschaft mit ihm, der opferbereiten Hingabe und der Liebe zu anderen geführt. Das Feuer Gottes wurde ihnen durch den Heiligen Geist ins Herz gegossen.

Das ist der Anfang der «Übernahme» durch Jesus und sein Reich. Als Erstes nimmt er die Herzen der Menschen in Besitz, dann den physischen Bereich und schließlich alles in der Schöpfung bis hin zum Staub und den Bäumen. Alles wird im Feuer des Drucks erprobt werden und unsere Liebe darin geläutert.

---

3 Nach der englischen New King James-Version (Anmerkung der Übersetzerin).

Das Feuer seiner Liebe verzehrt alles, was sich in den Weg stellt.

So wie er uns als Einzelne läutert, wird er mit der Erdkugel verfahren. Heute ist das Feuer Gottes vorwiegend innerlich, aber in Zukunft wird es global und sogar äußerlich sichtbar sein. Wir müssen uns heute seinem übernatürlichen, innerlichen Feuer hingeben und seinem Herz zustimmen, alles zu entfernen, was diese Liebe behindert, um unseren Hauptlebenszweck - die Liebe selbst - zu erfüllen. Wir wollen mit dieser Flamme eins sein und nicht zu denen gehören, die sich ihm widersetzen oder in Konflikt mit ihm sind. Wir möchten das lieben, was er liebt und das hassen, was er hasst. Wir möchten eine tiefe, feurige Liebe zu ihm haben, die so punktgenau mit seinem Herzen übereinstimmt, dass wir im Zentrum des Sturms, mitten in den Erschütterungen von ihm festgehalten sind.

Das Feuer der Liebe, das unserem persönlichen Leben so viel abverlangt, ist auf Erden genauso anspruchsvoll. Er möchte uns vollständig haben und er möchte auch die Schöpfung besitzen. Er möchte, dass das Reich sich von den Herzen der Menschen zur Erde ausbreitet. Das Feuer Gottes, das heute in unsere Herzen gegossen wird, wird es uns nicht nur ermöglichen, bis zum Ende durch das Feuer der Trübsal hindurch treu zu bleiben, sondern es wird uns auch befähigen, eine große Zahl von Menschen in die Gemeinschaft seines Herzens zu bringen. In der dunkelsten Stunde der menschlichen Geschichte werden wir hell leuchtende Lampen sein, wenn wir durch unsere Übereinstimmung mit seinem Herzen im Feuer seiner Liebe verbleiben. Wir stimmen dann mit ihm überein, wenn wir gegen unsere Sünde kämpfen, im Weinstock bleiben und uns andauernd mit ihm durch sein Wort unterhalten. Selbst in unserer Schwäche kennen wir sein Herz der Barmherzigkeit und laufen immer wieder zu ihm. Wir spüren sein tiefes Verlangen nach uns und stehen in seinem Ratskreis, um sein Wort zu erkennen und zu hören (Jeremia 23,18). Auch Johannes der Täufer stand lauschend dort (Johannes 3,29) und als er die Stimme des Bräutigams hörte, war seine Freude vollkommen. Er sprach vom Gericht und hatte seine helle Freude, weil er die Stimme der Liebe und des Verlangens hörte.

Es gibt keinen größeren Weg zu leben! Wir sind nicht von dieser Welt, sondern wir sind Missionare und Botschafter. Wir sind Freunde des Bräutigams, die allen zurufen, zur Hochzeit zu kommen. Wir haben das Ende der Geschichte gesehen und seine Stimme mit persönlichem, lebendigem Verständnis gehört. Jetzt erheben wir unsere Stimmen inmitten der dunkelsten Nacht und rufen: «Kommt! Kommt zur Hochzeit!» (Matthäus 22,4-5). Zu mitternächtlicher Stunde rufen wir die Menschen zu kommen und den Bräutigam zu sehen (Matthäus 25,6). Wir überzeugen die Menschen, ihn zu lieben. Wir geben unser Leben, um Menschen zu ihm zu bringen. Wir bringen sie an den Punkt, dass sie ihn sehen und lieben, wie er sie liebt.

Die endzeitliche Gemeinde wird siegreich in der Liebe sein: «Wer ist's, die da heraufkommt aus der Trift, gelehnt an ihren Geliebten?» (Hohelied 8,5). Ermächtigt von Liebe und Dankbarkeit, lehnt sich die Gemeinde an Jesus als ihren Geliebten an. Für die Gemeinde endet die natürliche Geschichte mit einem liebevollen Herzen, das sich auf ihn stützt, weil sie siegreich in Liebe ist. Als der Geist den Sieg der Braut in der Endzeit proklamiert, spricht er prophetisch, weil sie angesichts von Prüfungen, Versuchungen und Schwierigkeiten in Liebe wandelt (Offenbarung 15,2). Die Gemeinde wird von Herrlichkeit erfüllt und ohne Kompromiss sein (Epheser 5,27) und Jesu Ehefrau wird bereit sein (Offenbarung 19,7-8). Gewiss ist das die tiefsinnigste und großartigste Geschichte, die wir je gehört haben, und sie wird nicht scheitern. Es ist Gottes Geschichte und jede Einzelheit wird in Erfüllung gehen.

Fazit

Jesus kennt das Ende der Geschichte. Er kann sehen, worauf wir selbst in einer Milliarde Jahre zusteuern. Wo wir in unserem persönlichen Leben nichts außer schwacher Liebe sehen, sieht er echte Liebe. Auf dieselbe Weise, wie er vorhersagt, wohin der Same der Sünde führt, sieht er auch den Samen der Gerechtigkeit und den erstaunlichen Baum, der für diejenigen, die dranbleiben, erblühen und tiefe Wurzeln schlagen wird. Er hat den Ausgang von Anfang an erkannt (Jesaja 46,10).

Mein Leben lang habe ich vielmals erstaunliche, anregende Botschaften über völlige Hingabe und das Leben von ganzem Herzen gehört. Bei vielen Altaraufrufen bin ich nach vorn gegangen, weil ich zu den Menschen gehören will, die ihn verstehen. Ich bin davon berührt worden, eine Botschafterin sein zu wollen, die den Weg für die Wiederkehr Jesu bereitet. Viele Zusammenkünfte haben mich inspiriert. Ich habe eine Menge Bücher gelesen und Predigten gehört, die mich durch ihre tiefgründige Vision stark beeinflusst haben. Aber was mich entsetzte, war, wie leicht ich vom rechten Weg abwich – manchmal schon am darauffolgenden Tag. Ich war schockiert, als mir das zum ersten Mal bewusst wurde, aber Jesus war es nicht.

Eins der herrlichsten Dinge an dieser ganzen Geschichte ist, dass er sich schwache und zerbrochene Menschen als Partner und Partnerinnen wählt und diese großartige Absicht nicht ohne uns verwirklichen wird. Das ist erstaunlich. Dennoch fühlte es sich häufig so an, dass ich es nie schaffen werde, dass ich nie stark genug sein werde, ein Vorläufer oder hingegeben genug zu sein für solch eine großartige Vision. Aber die Jahre hindurch sagt er immer wieder zu mir: «Ich liebe dich und du liebst mich. Das weiß ich genau. Nimm immer nur einen Schritt nach dem anderen. Kämpfe nur weiter und bleibe im Rennen.»

Ich möchte ihm das geben, was er haben möchte, weil es mein Hauptlebenszweck ist, sein Verlangen zu befriedigen und ihm zu gehören und seine Partnerin in Ewigkeit zu sein. Ich möchte sein Preis sein. Am Ende meines Lebens möchte ich sagen können: «Geschafft! Ich habe nicht aufgegeben! Ich habe nicht nachgegeben! Ich bin nicht voller Scham zurückgewichen, obwohl ich tausend Mal versagt habe. Ich habe nicht zweifelnd aufgegeben, obwohl ich dich nicht sehen konnte. Ich habe nicht aufgegeben, als ich müde war, sondern bin mit aller Kraft zum Ziel gerannt. Ich habe es geschafft! Hier ist das, was du von mir wolltest – das, wofür du gestorben bist. Hier ist, wofür du kämpfst und wozu ich geschaffen wurde. Hier ist mein Herz! Es gehört ganz dir! In der dunklen Nacht des Glaubens bin ich nicht zurückgewichen. Ich liebe dich, Jesus! Ich liebe dich, Jesus!»

Ein Großteil meines Lebens mit dem Herrn ist ein Greifen nach der Liebe, aber ich möchte, dass mein Herz wirklich von ihm und auf ihn hin bewegt wird bis zu dem Punkt, wo ich mich nicht nur nach der Liebe ausstrecke, sondern sie auch spürbar da ist. Ich möchte die Zügel meines Denkens und meiner Seele nehmen und sie in Übereinstimmung mit ihm bringen, in der Gewissheit, dass er es jedes Mal wenn ich ihn wähle, dies Liebe nennt. Er sieht, wie ich mich abmühe, still zu sitzen, zu beten versuche und im Geheimen zu leben. Er sieht, wie ich mich für die Gerechtigkeit entscheide, trotzdem meine Begierde mich in eine andere Richtung zieht oder mein Stolz mich verteidigen möchte, aber ich enthalte mich, weil ich weiß, dass er zuschaut. Dann wird er sagen: «Das ist Liebe!»

Durch jede kleine Entscheidung, die ich treffe, schüre ich die Flamme der Liebe, bis ich eines Tages ein riesiges Feuer haben werde. Er sieht den Kampf, das unentwegte Bemühen. Er sieht, dass ich viele Male versagt habe, aber wieder aufstand und zu ihm rannte, anstatt vor ihm wegzulaufen. Dann wird er sagen: «Das ist Liebe!»

Bei all den Erschütterungen, die er bringt, geht es darum, in den Herzen der gesamten Menschheit Liebe zu erzeugen. Das wird durch die Erschütterungen erreicht, und dadurch, dass man ihn versteht und seinen Blick auf ihn richtet. Ich möchte ihm an jenem Tag in die Augen schauen und ihm mein Herz präsentieren in der Gewissheit, dass es die Hauptsache ist, hinter der er die ganze Zeit her war. Mein gesamter Lebenszweck ist zusammengefasst an dem Tag, an dem ich vor ihm stehe. Wie die gesamte Menschheit werde ich an der Größe meines Herzens gemessen. Alles dreht sich um die Liebe – die göttliche Liebe, ewig, unsterblich, stärker als der Tod, die Liebe aus ewiger Vergangenheit. Es ist das Feuer in seinen Augen, das diese Liebe in mir hervorbringen wird, schon jetzt auf Erden. Er wird alles Nötige tun, um die Erde mit dem Feuer seiner Liebe zu erfüllen und nichts wird sich ihm in den Weg stellen, nichts wird dieses Feuer aufhalten und nichts wird seine Absicht hindern.

Wir sind nicht ziellos oder ohne Sinn. Wir drehen uns nicht inmitten all der Milchstraßen wie ein winziger, zielloser Felsbrocken, einer unter Milliarden ähnlicher, um die Sonne. Wir sind nicht hoffnungslos oder ohne Vision. Wir gehören zu seiner Geschichte. Alles dreht sich um ihn. Jede Minute zählt. Jede Tat, die wir verrichten, und jeder Gedanke, den wir denken, zählt, weil er zuschaut und wir ihn zutiefst bewegen. Unser Leben ist bedeutsam und seine Liebe wird uns in die Fülle des Zwecks und Sinns bringen. Er wird nicht nachlassen, bis er alles hat. Er wird nicht aufgeben und darin liegt unsere Zuversicht. Sie nährt sich im Feuer seiner Augen.

Bis zum Ende!

Weiterführende Informationen findet man unter
www.inspired-media.com

ÜBER DIE AUTORIN

Misty Edwards ist seit über zehn Jahren eine Anbetungsleiterin am *International House of Prayer* in Kansas City (IHOP-KC). Sie ist eins von vier Aufsichtsratsmitglieder der Missionsbasis, die Leiterin des *Global Prayerroom* und die leitende Produzentin von Forerunner Music.

Misty Edwards uneingeschränkter Fokus ist es, in ihrer Beziehung zu Gott immer tiefer zu wachsen: « Mir ist wichtig, das erste und größte Gebot auszuleben, Gott mit meinem ganzen Herzen zu lieben, was dazu führt in das zweite Gebot Jesu hineinzuwachsen, nämlich andere ebenso zu lieben wie mich selbst. Nur dann kann ich auch den Lebensstil der Bergpredigt in hohem Grade leben, indem ich beharrlich im Gebet bleibe, mehr faste und mehr gebe, und das auch in Zeiten der Schwäche.»

Schon als Teenager begann Misty eigene Lieder zu schreiben und wuchs in ihrer Fähigkeit soweit, dass sie diese Kunst heute auch anderen vermitteln und sie ermutigen kann. «Ich schreibe Lieder direkt aus meinem Herzen, indem ich Jesus direkt anschaue, und ich singe sie dann auch wie zu einer realen Person, die mir zuhört und auf meine Worte reagiert.»

www.mistyedwards.com
www.ihopkc.org

Wonach wir uns sehnen

Wie Gott die tiefsten Bedürfnisse unseres Herzens stillt

Von Mike Bickle

Gott hat tiefe Sehnsüchte in das Herz jedes Menschen gelegt. Wir alle sehnen uns nach Schönheit, nach innerer Größe, nach Bedeutsamkeit, nach Begeisterung und nach inniger Liebe.

Viele von uns haben gelernt, diese Sehnsüchte zu verleugnen. Uns wurde erklärt, daß diese Verlangen nicht von Gott stammen. Das Problem sind jedoch nicht die Sehnsüchte – sie sind von Gott gegeben und sollen nicht verleugnet werden. Probleme entstehen nur, wenn wir versuchen, die gottgegebenen und legitimen Sehnsüchte auf falsche Art und Weise zu befriedigen.

Nur Gott kann die Sehnsüchte stillen, die er uns gegeben hat. Wenn wir erkennen, wie Gott unseren Sehnsüchten begegnen will und dass er sie wahrhaftig erfüllen möchte, finden wir Freiheit und echte Freude.

171 Seiten, Paperback, ISBN 978-3-9523000-2-2

Unsere Bücher erhalten Sie in jeder Buchhandlung oder online unter www.inspired-media.com

inspiredmedia